滝川敏明 著
Takigawa Toshiaki

実務 知的財産権と独禁法・海外競争法

技術標準化・パテントプールと
知財ライセンスを中心として

法律文化社

はしがき

　日本企業は自社の知財戦略を日本市場に限定せず、グローバルに展開される国際競争に対応させる必要がある。本書はこの視点から知財（知的財産権）と主要国競争法（独禁法と反トラスト法を含む）が交錯する領域を説明し、中でも、技術標準化／パテントプールと知財ライセンス（知財利用許諾）に焦点を当てて分析している。

　企業の競争制限行為を規制する競争法（日本と中国では独禁法、米国は反トラスト法）は、談合・カルテルの規制にとどまらず、企業合併を阻止することがあり、またグーグルやマイクロソフトについての近年の事件のように、有力企業が新興企業を妨害する行為を規制している。米国・欧州連合（EU）・日本だけでなく中国を始めとする有力国も競争法を制定した。企業間競争はますますグローバルに展開されている。競争法は国内法であると共に国際ビジネス活動を規制する国際取引法としての重要性を高めている。

　他方、特許（パテント）は、ハイテク、情報技術（IT）あるいはバイオテクノロジー産業等におけるイノベーションをもたらすアイデアに国が排他権を付与するものである。特許権を活用することにより企業は競争上の優位性を獲得できる。特許と同様の排他権を発明・創作に対して付与する制度の総称が「知的財産権（知財）」である。特許以外でビジネスにとって特に重要な知財は著作権そして営業秘密である。

　本書の読者として知財そして競争法・独禁法の知識を有しないビジネスマンとエンジニアを想定している。知財と競争法の境界領域を説明する前提として本書は、知財制度については特許を中心として、米国EU日本の基本基準を説明し、競争法・独禁法については規制基準を基本にさかのぼってわかりやすく説明している。直感的に理解できるように図表を多く用いている。ただし本書はハウツー的知識にとどまる解説書ではない。企業実務に役立てるため、最先端分野に踏み込んだ解説をしている。

　日本の競争法である独禁法についてほとんどのビジネスマンはある程度理解している。しかし、日本の独禁法（その執行機関の公正取引委員会）に対応して

も、その有用性は日本国内での製造販売に限定される。知財の大部分、中でも特許は技術（テクノロジー）を対象としており、技術を活用する産業——ハイテク産業、中でも情報技術（IT）産業——は、競争がグローバルに展開されている。日本の中小企業であっても、活躍の場は世界全体である。本書は日本のハイテク企業が世界に進出している状況に対応して、日本企業にとって最も重要な4ヵ国・地域（日本・米国・EU・中国）の競争法と知財の関係を説明している。

日本企業の進出先としては米国とEUが圧倒的に重要な存在だった。しかし、中国が世界第2の経済大国に躍進し、中国市場が日本企業にとって米国に匹敵する重要市場となった。中国は2007年に競争法（中国独禁法）を新設し、適用を活発化してきている。特に特許ライセンスを中心とする技術関係の競争制限に対する規制が活発である。本書は中国独禁法についても解説している。

知財に関係する企業行為に対する競争法適用は、伝統的に知財ライセンスに集中していた。知財権者が他社に知財をライセンス（利用許諾）する際に実施地域などを制限することが通常なので、ライセンス条項の競争法違反の有無が問題とされてきた。知財ライセンスに対する競争法適用はビジネスに深刻な影響を及ぼす。日米EU中国の競争・独禁当局は競争法適用についての「知財ガイドライン」を公表し、企業のコンプライアンス指針としてきている。本書は日本の公取委による最新（2016年）知財ガイドライン重要改定を説明しており、さらに米国と中国当局が最近（2016年、2017年）に相次いで発表した新しい知財ガイドライン（中国は案）を解説している。

近年には知財ライセンス以外の領域にも競争法適用が拡大してきている。その代表が技術標準を形成するための企業間協調に対する競争法適用である。技術標準化は、企業のビジネス戦略「標準化」の核心を構成する。欧米企業は、一社にとどまる閉鎖的な製品規格や経営方法から脱却して、業界共通の標準的（汎用）規格と方法を用いることにより、経営効率化を実現してきている。

標準化・汎用化は、技術と経営方法がグローバル標準化するのに伴い、国内企業が世界市場に進出するための必須条件となった。ところが日本企業は「ガラパゴス化」といわれるように、標準化において欧米企業に遅れをとっている。日本企業が標準化への対応を進めるにつれ、標準化行動に競争法が適用さ

れるリスクに対応する必要がある。その対応策を本書は示している。

　本書執筆のきっかけは著者の2回にわたる在米研究——2009年度フルブライト奨学金研究員（ジョージワシントン大学）、2012年度関西大学在外研究員（カリフォルニア大バークレー校客員研究員）——である。「知財と反トラスト法・競争法」をテーマとして米国の学者と交流し、研究した成果を帰国後に発展させ、本書にまとめた（本書は2017年1月時点の状況を反映している）。在米研究を可能にしていただいたフルブライト財団そして関西大学に感謝を申し上げる。また、帰国後、「競争法研究協会」の伊従寛名誉会長と矢部丈太郎会長、そして「日本ライセンス協会」理事の小林和弘先生（大江橋法律事務所）より、本書テーマについて講演する機会を数度にわたっていただいたことが本書につながった。厚い感謝の念を申し上げたい。最後に、法律文化社の梶原有美子さんには、ゆきとどいた編集をしていただき、たいへんお世話になりました。心から御礼申し上げます。

2017年2月

滝川　敏明

目　次

はしがき
本書の見取図・本書の概要

第1章　知的財産権と競争法適用の調和 …………… 1

1 特許の排他権　1
2 特許濫発と「特許の藪」　4
3 特許の濫発を抑える方策　5
　(1) 申請特許の厳格審査　5　(2) 進歩性の要件審査の徹底　6
　(3) ビジネス方法特許の制度改善　8
4 クレーム開示　8
5 クレーム開示と均等論——米国最高裁 Festo 判決　9
　(1) 均等論の意義　10　(2) 均等論と Festo 判決　10
6 サブマリン特許　11
　　コラム1　ミッキーマウス法とフェアユース　12
7 特許の排他権と消尽論　13
　(1) 消尽論の意義　13　(2) 消尽論の適用範囲　14

第2章　競争者間協調と競争法・独禁法 …………… 19
　　　　　——技術標準化とパテントプール

1 技術「標準化」のための協調行動　20
2 パテントプールのメリット　22
　(1) プール集積特許の「ワンストップショッピング」　22　(2) 「特許の藪」と「ブロッキングパテント」の解消　23　(3) バイオテク産業リサーチツールの「特許の藪」とパテントプール　24　(4) 「ロイヤルティ積上げ」の解消　26
3 パテントプール・標準化団体での競争者間協調と
　　競争法ガイドライン　27
　(1) 競争者間協調に対する競争法・独禁法規制　27　(2) パテントプール

の競争制限効果をどう防ぐか　31　(3)　米国知財ガイドラインとパテントプール　34　(4)　EUの知財ガイドラインとパテントプール　37　(5)　日本の知財ガイドラインとパテントプール　39

4　必須特許権者のFRAND宣言　42
　　　　——合理的ロイヤルティ額と無差別ライセンス

(1)　特許権者がFRAND宣言する理由　42　(2)　ロイヤルティ・フリーからFRANDへ　43　(3)　FRAND条件の不明確性　44　(4)　パテントプールとの対比　44

5　ロイヤルティ額共同決定の競争法リスク軽減　45

(1)　ロイヤルティ額上限の事前表明が普及しない理由　45　(2)　購買者カルテルとしての一括ロイヤルティ　46　(3)　供給者カルテルとしての一括ロイヤルティ　46　(4)　一括ロイヤルティの顧客利益　46　(5)　アメリカ「標準化団体促進法」　47　(6)　一括ロイヤルティと反トラスト法　48　(7)　一括ロイヤルティとEU競争法——通常合法　49　(8)　一括ロイヤルティと日本独禁法——合法　49

　　コラム2　音楽著作権管理団体とJASRAC独禁法事件　50

第3章　知財行使による競争者排除と競争法・独禁法 … 55

1　「競争者排除」規制か「搾取的濫用」規制か　55

(1)　「技術導入契約」規制　55　(2)　「搾取的濫用」規制　56

2　知財に認められた排他権と競争者排除行為規制　58

(1)　競争当局のガイドライン　58　(2)　「パテントスコープ」論　59　(3)　米国最高裁アクタビス判決　60

3　競争者排除行為の規制基準　62

(1)　市場支配力と不当性の2段階判定　62　(2)　不当性判定についての国際的差異　64

4　知財ライセンス拒絶と競争法　67

(1)　通常の取引拒絶と知財ライセンス拒絶　67　(2)　取引拒絶が競争法に違反する場合　68　(3)　競争法適用による「強制ライセンス」命令　71　(4)　ライセンス拒絶と米国反トラスト法　71　(5)　ライセンス拒絶とEU競争法——「不可欠施設」論　76　(6)　ライセンス拒絶と日本の独禁法　79　(7)　ライセンス拒絶と中国独禁法　80

5 特許製品と非特許製品の抱合せと競争法　81
   　(1)　特許プリンターと非特許インクの抱合せ　82　(2)　特許プリンターと非特許インクの技術的一体化　84

   　　コラム3　アイチューンズ/アイポッド抱合せと「デジタル著作権管理」　85

第4章　標準化ホールドアップと競争法・独禁法 … 89

   1　「標準必須特許」の市場支配力　90
   2　パテント・トロール問題　91
   3　標準化団体によるホールドアップ対策　93
   4　特許探索と開示義務　95
   　(1)　特許開示義務付け——米国とEUの対応差　95　(2)　開示義務のあいまい性　96
   5　FRAND宣言と差止請求　97
   　(1)　FRAND内容のあいまい性　97　(2)　FRAND宣言趣旨からの差止め否定　97　(3)　米国最高裁eBay判決　98　(4)　アメリカ国際通商委員会の輸入禁止命令　99
   6　標準化ホールドアップと競争当局　100
   　(1)　米国当局と反トラスト判例　101　(2)　EU——委員会の規制と欧州裁判所ファーウェイ判決　106　(3)　日本の公取委2015年知財ガイドライン改定　109　(4)　中国独禁当局クアルコム事件——「搾取的濫用」規制　112
   7　民法上の権利濫用論と標準化ホールドアップ　114
   　(1)　ホールドアップに対する民法上の対処——契約法と不法行為法　115
   　(2)　知財高裁アップル対サムスン判決——「権利濫用」論　117
   8　FRAND宣言特許の合理的ロイヤルティ額　119
   　(1)　特許一般についての合理的ロイヤルティ額　119　(2)　標準必須特許についての合理的ロイヤルティ額　119　(3)　必須特許の個数割りによる合理的ロイヤルティ額　120　(4)　米国判例と日本知財高裁判決の共通論理　120　(5)　中国ファーウェイ対IDC判決　123

第5章　知財ライセンス条項と競争法・独禁法 … 127

1　ライセンスに対する競争法適用の留意点　129
(1)　製品市場・技術市場・研究開発市場　129　(2)　「水平的制限」と「垂直的制限」の区別　130　(3)　「技術内競争制限」と「競合技術排除」の区別　133

2　競争法と特許権の調整　134
(1)　「技術内競争制限」と「パテントスコープ論」　134　(2)　競争当局の好意的姿勢　136　(3)　特許イコール市場支配力ではない　136

3　米国反トラスト当局の規制基準　137
(1)　反トラスト当局の知財ガイドライン　139　(2)　ごく少数の当然違法条項以外は総合判断　140　(3)　20％市場シェア以内のセーフハーバー（安全圏）　141　(4)　用途分野制限と地域・顧客制限は合法　141　(5)　垂直的価格制限――GE 判決基準により合法あるいは合理の原則　141　(6)　競合技術排除条項に対する合理の原則　142

4　EU 欧州委員会の規制基準　143
(1)　ガイドラインの特徴とセーフハーバー数値　143　(2)　ブラックリスト該当のライセンス条項　145　(3)　セーフハーバー枠外ライセンス条項に対する総合判断　146

5　日　本――公正取引委員会の規制基準　147
(1)　「不公正な取引方法」規制がもたらすあいまい性　148　(2)　セーフハーバーとその限界　149　(3)　水平的制限　150　(4)　垂直的制限　152　(5)　競合技術排除　153

6　中国の知財ガイドライン　155
(1)　中国統一知財ガイドライン案　155　(2)　高額ロイヤルティ規制　156

7　「競合技術排除」規制の米 EU 日中比較　157
(1)　排他的グラントバック　158　(2)　非係争条項（NAP 条項）　161　(3)　不争条項　168

事項索引
事件・判決索引

本書の見取図

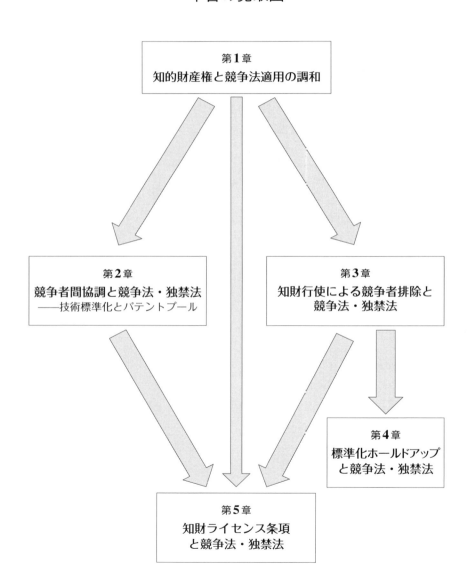

本書の概要

　第1章は、個別テーマの分析に入る前に、知財と競争法調和のための政策上の検討を行っている。知財が目的とするイノベーション意欲の保護と、競争法が目的とする消費者利益保護は究極的には一致するが、対立も存在する。消費者利益そして経済効率の観点から、現在の知財制度にはいくつかの問題点が存在する。

　中でも、特許の濫発が「**特許の藪**」（4頁参照）となって企業活動を妨げている。特許の藪現象を緩和するには、特許庁が申請（出願）特許を厳格に審査することが求められる。特許付与の要件中でも「**進歩性**」要件（6頁）を特許庁が厳しく審査する必要がある。さらに申請企業が特許申請書に記載する「**クレーム**」の文字通りの意味よりも特許範囲を広げる「**均等論**」（9頁）を適正に運用する必要がある。

　知財の中で特に著作権は、メディア（ハリウッド）企業の政治力により権利期間が延長されすぎる傾向がある。これに対抗するために米国で採用されている「**フェアユース**」論（12頁）を日本でも採用することが望まれる。

　さらに、特許製品の自由な流通を確保するために「**消尽論**」（13頁）が重要な役割を果たしている。流通する特許製品の利用を制限することを特許権者に許さないことが消尽論の核心である。ただし利用者が特許製品を「再製造」したとみなされる場合には消尽論は適用されず、特許権が有効である。この点に関してインクジェットプリンタの互換品インクカートリッジそして遺伝子組み換え種子について、「**利用**」と「**再製造**」を区別する基準を説明している。

　第2章以降の章は、知財行使がもたらす競争制限を競争当局がどのような基準により規制するのかを説明している。競争法は、日本では独禁法と呼ばれるが、競争を制限する企業行為を規制する法律である。グローバルに展開される企業間競争に対応するため、本書は日本の独禁法にとどまらず、米国反トラスト法及びEU競争法を中心として分析し、さらに中国独禁法も対象とする。

　競争法（反トラスト法・独禁法を含む）が対象とする競争制限行為は、大別し

て、第一に、競争している企業が協調して競争を停止する行為（**競争者間協調**）、第二に、単独の企業が競争相手を市場から排除する行為（**競争者排除**）に別れる。競争していない企業間の取り決め（**垂直的制限**）であっても、競争制限（**競争者間協調**あるいは**競争者排除**）の効果があるとして競争当局が規制する場合がある。

　第2章は、知財行使における「**競争者間協調**」に対する競争法適用を扱い、特に**技術標準化**そして**パテントプール**（22頁）のための**競争者間協調**（そのための団体結成）に対する競争法適用を説明する。現代のパテントプールの多くは技術標準作成のために結成されている。ただし**標準化団体**（19頁）とパテントプールは別組織である。競争者間協調は伝統的にカルテルと呼ばれてきた。しかし現代の競争法規制ではカルテルとして厳格に規制される競争者間協調は価格カルテルなど少数に限定され、それ以外の競争者間協調は総合的に違法・合法を判定する。

　標準化とパテントプールのための競争者間協調はカルテルではないので、総合的に判定する。プールに組み込まれる特許技術がプール結成目的のために必須性があるかそれとも代替的かによって違法性判定が左右される。パテントプールでは構成員企業がプールした特許を外部企業に「一括ライセンス」し、ロイヤルティ額も一本化する。このロイヤルティ額一本化が競争法違反の価格カルテルであるかが米国では争われたことがある。しかし現在では、米国EU日本に共通してプールによる一括ロイヤルティ額決定は合法である。

　標準化団体を構成する標準必須特許権者は、外部の標準利用企業にライセンスを供与する義務にとどまらず、合理的ロイヤルティ額による無差別条件（FRAND条件）でライセンス供与しなければならない。この義務を守る旨の約束（FRAND宣言）は、標準化団体が「IPRポリシー」として取り決めているにとどまらず、競争当局により義務付けられている。

　第3章は、知財を利用する「**競争者排除**」に対する競争法適用を扱い、中でも特許ライセンス拒絶そして抱合せ行為への競争法適用を説明している。特許権者の排他権は、特許法が付与する排他権ではあるものの、絶対的なものではなく、競争法により制約される。この見解が米国EU日本中国の競争当局の共通見解となった。

企業が協調せず単独でなす行為は、競争者排除行為である場合に競争法の規制対象となる。ただし、特許権者の特許利用企業に対する「**搾取行為**」(56頁)を競争法により規制する国も存在する。中国が代表であり、特許の高額ロイヤルティを不当な搾取行為として規制してきている。日本独禁法の不公正取引規制における「優越的地位の濫用」規制も搾取行為規制に該当する。もっとも、公取委はこれまで知財行使に対しては「優越的地位の濫用」規制を発動したことがない。

競争法の競争者排除行為規制は、**市場支配力**(62頁)を有する企業のみを適用対象とする(日本の不公正取引方法規制はその例外)。特許権者は特許技術・製品を独占する権利を特許法により付与されている。しかしこの独占権は市場支配力に直結するわけではない。さらに、特許権者が市場支配力を獲得する場合においても、競争者排除行為を競争当局が常に違法と認定するわけではない。競争者排除行為は通常は正常な競争活動である。排除行為が不当な性格のものである場合のみに競争当局は違法を決定し、行為是正命令を発する。

競争者排除行為の中で特許ライセンス拒絶(67頁)に対しては、競争当局が違法と決定する場合は極めて限定される。この判定においてEU当局は、対象特許を「**不可欠施設**」(76頁)と認定する場合には、特許ライセンス拒絶を競争法違反と認定し、「**強制ライセンス**」(78-79頁)を特許権者に命じる。中国の独禁当局も知財ガイドラインにより不可欠施設論を採用した。これに対比して、米国では不可欠施設論を否定するので、純粋なライセンス拒絶は、川上・川下の取引関係を利用する場合を除いて、ほとんど常に合法である。

他方、特許製品に非特許製品を「抱き合わせる」行為は、抱き合わされる製品の対抗企業に対する競争者排除行為となる。典型的にはインクジェットプリンタのカートリッジとインクの**抱合せ**が問題となる。**抱合せ行為**(81頁)は、競争者排除行為に共通の2段階審査により審査され、抱合せ主体の特許製品が市場支配力を有していることが違反の必要要件である(日本の不公正取引方法規制を除く)。そのうえ、抱合せが消費者利益を害する場合でなければ違法とは認定されない。

第4章は前章を受けて、知財を利用する競争者排除行為の中で特に注目を集めている「**ホールドアップ**」行為を扱っている。具体的には「**標準必須特許**」

（90頁）（標準に必要な特許群に組み込まれたことにより必須性を獲得した特許）の特許権者が特許利用企業（ライセンシー）に対するライセンス拒絶、**差止請求**（97頁）あるいは損害賠償請求の脅しにより、高額ロイヤルティを要求する行為に対する競争者排除行為規制を説明する。

　競争者排除行為は（競争者間協調とは異なり）市場支配的企業のみを規制対象とする。しかし標準に組み込まれたことにより必須となった特許（標準必須特許）は、標準技術がネットワーク効果のため市場支配力を獲得するのが通常なので、通常は市場支配力を獲得する。その市場支配力を特許権者が濫用して不当な高額ロイヤルティを獲得するのを防止するため、標準化団体は各構成員企業にFRAND（97頁）（公正・合理的・非差別）条件のロイヤルティ額（及びその他のライセンス条件）を宣言させる。併せて標準化団体は、構成員企業に自社必須特許の探索と開示義務を課す。しかし、これらの標準化団体「IPRポリシー」（95頁）にもかかわらずホールドアップ行為が発生してきている。FRANDの内容が曖昧であるために、標準必須特許権者と利用企業との間でロイヤルティ額を巡る紛争が生じてきている。

　必須特許権者は「（特許利用の）**差止請求**」訴訟を特許利用企業に対する脅しとして、高額ロイヤルティを獲得してきた。しかし近年の米国判例（最高裁eBay判決など）が、必須特許権者に対しては差止を支持せず、損害賠償は認めるが、賠償額を妥当ロイヤルティ額にとどめる旨を判示したので、ホールドアップ行動は大きく制約されるようになった。ただし、特許権者の差止請求が競争法違反と認定される前提として、特許利用企業（つまりライセンシー）が合理的ロイヤルティ額について特許権者と誠実に交渉する姿勢を示している必要がある。したがって、特許利用企業がロイヤルティを支払わず、ロイヤルティ交渉にも誠実に対応していない場合には、裁判所は、特許権者の差止請求を支持する（競争法違反とは認定しない）。

　米国では、ワシントン州連邦地裁のマイクロソフト対モトローラ判決などが、標準必須特許権者の差止請求を支持しない代わりとして、特許権者が損害賠償を受け取ることを認め、その損害賠償額としてFRAND条件を満たす（つまり合理的額の）ロイヤルティ額を算出した。日本でも、知財高裁**アップル対サムスン判決**（117、121頁）が、米国判例と同様の判例基準を確立した。した

がって米国及び日本に共通して、標準必須特許権者のホールドアップ行為には当事者企業が民事訴訟により対応できる。このため競争当局が個別事件に経常的に介入するのは妥当ではない。ただし、トロール企業などが大量の差止請求訴訟を濫発している場合には、競争当局が公的に介入する意義がある。この日米状況とは異なりEUでは、競争当局が介入してホールドアップ行為を規制する施策が重要な役割を果たしている。この中で日本の公取委は、EU当局と同様の基準によるホールドアップ規制を実施する旨を**知財ガイドライン改正**（109頁）により表明した（2016年1月）。

FRAND条件を満たす合理的ロイヤルティ額の算出方法について、米国で判例が積み重ねられてきている。代表的方法は、パテントプールにおける一括ロイヤルティ額を必須特許数で割った額をまず算出し、これに対象必須特許の特性を加味する方法による金額算出である。日本でも知財高裁アップル対サムスン判決が米国と同様の見方から合理的ロイヤルティ額を算出した。

第5章は「ライセンス条項」を主対象として競争当局が作成した「知財ガイドライン」を米EU日中比較により説明する。特許ライセンス供与に際して特許権者は、自社の活動領域を確保する目的などから、ライセンス先企業（ライセンシー）の活動を制約する規定をライセンス契約の条項に記載する。この**ライセンス条項**が競争者間協調あるいは競争者排除となる場合に競争法規制が発動される。

特許権者とライセンシーが競争していない場合には、ライセンス条項は「**垂直的制限**」（130頁）に該当する。垂直的制限であっても、競争者間協調（技術内競争制限）あるいは競争者排除（競合技術排除）の効果を発揮する場合には競争法が適用される。ただし、ライセンスは技術情報を広く行き渡らせることにより消費者利益を増進する。競争当局はライセンス条項の功罪をバランス判断してきている。

米国の知財ガイドラインは、価格カルテルなど極少数の「競争者間協調」だけを当然違法とし、それ以外のライセンス条項は総合的に判定する（垂直的制限の中で**技術内競争制限**（133頁）の多くは当然合法である）。これに対しEUガイドラインは垂直的制限についてかなりの種類の制限を違法とする。日本の公正取引委員会によるガイドライン（知財指針）では、日本特有の不公正取引規制に

より、ライセンス条項が「競争を減殺するおそれ」がある場合に違法として規制するとしている。このため極めて広い範囲のライセンス条項が公取委により違法決定されるリスクを有する。ただし、垂直的制限の中で「技術内競争制限」は価格制限を除き全面的に合法である。

　ライセンス条項における「**競争者排除条項**」が重要性を高めている。IT産業においては特許権者と特許利用企業（ライセンシー）が競争していることが通常なので、ライセンシーの行動を制約するライセンス条項は「競争者排除条項」として競争法の規制対象となる。この中で特に「**グラントバック**」(158頁)、「**非係争条項（NAP条項）**」(161頁) そして「**不争条項**」に対する規制が重要性を高めている。米国の知財ガイドラインが最も寛大な姿勢を示しており、EUガイドラインはより厳しい。日本の公取委ガイドラインはEUよりも厳しく、グラントバックと非係争条項は違法（黒）としており、マイクロソフトそしてクアルコムに対し独禁法違反を決定し、措置命令を下した。他方、世界IT市場での重要性を高めている中国の独禁当局の知財ガイドラインは、グラントバックと非係争条項に対し日本と同じく違法としている。さらに中国独禁当局は、ライセンス条項から自国企業を保護するための「**搾取的濫用**」規制を特許権者（外国企業）に適用し、高額ロイヤルティ引下命令をクアルコムに下した。

　　※ビジネス現場での使用に役立てるため、重要専門語は初出箇所で日本語と英語・
　　　原語を並列して記載している――例えば「差止請求訴訟 injunction suit」。

第1章　知的財産権と競争法適用の調和

　知的財産権（以下「知財」）は、発明者・創作者に対し、その発明・創作を他者が利用するのを排除する権利（排他権）を政府が与える制度である。新しいアイデアを保護することにより、イノベーション（新規技術と製品の創造）を振興して公益を増進することが知財制度の目的である。公益目的から様々な制約が設けられており、特に、排他権の存続期間を限定している。

　知財の中で特許（パテント）が格段に重要であり、次いで重要なのが著作権（コピーライト）である。特許は、権利者が権利を確保するために特許庁の審査を経て、特許登録しなければならない。これに対し、著作権は当局への登録を要しない。特許権と著作権以外にも意匠（デザイン）権、商標権などの知財制度が設けられている。特許以外の知財は、特許よりも排他権の範囲が狭い。著作権が保護するのは「表現」だけであり、アイデアは保護しないという限定がある。特にソフトウエア著作権については、機能面に著作権が及ばないなどの限定を判例が形成してきた。

　世界貿易機構（WTO）が知財の共通基準─「貿易関連知的所有権協定」（Agreement on Trade-Related Aspects of Intellectual Property Rights: TRIPS）─を制定したので、世界各国の知財制度は主要部分が共通化された。各国が守るべき知財保護の下限（ミニマム）をTRIPSは定めている。TRIPS規定よりも手厚い知財保護をすることは各国の自由である（図表1-1）。

1　特許の排他権

　各種知財には共通する性格があるものの、知財ごとに目的と性格が異なる。知財中で圧倒的に大きな存在である特許を本書は主対象とする。特許に加えて、技術（テクノロジー）に関する知財として、「ソフトウエア著作権」そして「営業秘密」には特許についての説明の大部分が通用する。「営業秘密」（日本

図表1-1　知的財産権の種類・特色とWTO知的財産権協定（TRIPS）基準

	対象	権利保護の目的	主な産業分野	WTO・TRIPSの基準
特許	発明	新規かつ有用なアイデアの保護	工業製品	・出願日から20年を超える保護期間。 ・すべての発明（「公秩序」上の例外、医療技術、生物を除く）の保護。
営業秘密	秘密のビジネス情報	企業が秘密保持の努力をしている情報の保護	すべての産業	・秘密にされており、商業価値のある情報を保護する。
著作権	創作	創作の独創性の保護（アイデアは保護しない）	文学、音楽、芸術、ソフトウエア	・ベルヌ条約の遵守（ただし「著作人格権」はTRIPS義務から除く）。 ・保護期間は50年以上。 ・コンピュータ・プログラムを保護する。
意匠権	デザイン	新規の独創的デザインの保護	工業製品、衣服など	・保護期間は10年以上。
商標	ブランドを示すサイン・シンボル	ブランドの盗用による不正競争を防ぐ	すべての産業	・登録日より7年以上の保護期間（更新可能）。 ・強制ライセンスは認められない。
半導体集積回路	半導体の回路レイアウト	回路レイアウトの独創性の保護	半導体	・申請日から10年以上の保護期間。

では「ノウハウ」とも呼ばれる）は、企業が特許出願によりアイデアが公開されることを好まない場合に、自社技術アイデアを保護する目的で用いられる。特許は出願後に公開を義務付けられるが、営業秘密は公開しなくてよいことが企業にとってのメリットである。ただし、秘密保持のために厳格な管理をしなければ知財としての保護は受けられない。

　特許制度は、個人と企業によるイノベーション活動を振興するため、新規のアイデアに限定的な排他権を与えることを目的とする。物理的な形をとる物財（モノ）とは異なり、アイデアは情報である。情報は容易に拡散し、コピー・模倣されやすい。アイデアを他者が利用することを排除する権利（排他権）を発明者に与えなければ、発明の努力をする意欲が失われる。発明者に排他権を

与えるための法律制度が特許である。

ただし、特許による排他権を永続的に国家が保証しているわけではなく、保護期間に限定を設けている（WTO・TRIPS で合意された保護期間の最低限は20年）。排他権の及ぶ範囲についても、物財についての所有権の場合とは異なり、様々の限定が設けられている。特許の排他権を限定するのは、アイデアを発明者が独占することを無限定に認めると、イノベーションの成果が経済全体に広がらないからである。アイデアはモノとは異なり、他者が利用しても、発明者による利用が妨げられるわけではない。アイデアの情報は使っても減らないので、広く普及するほど社会全体の利益が増大する。

特許制度により、アイデアを最初に考案した者が専属的に排他権を得る。この弊害として、その後に同じ内容のアイデアを独立に（先行特許のコピーではなく）発見した場合であっても、その発見を製造・販売に用いれば、先行特許の侵害になる。誰でも思いつくようなアイデアであっても、目先の利く企業や個人が先行して特許を取得すれば、その後の企業はそのアイデアを独立に考えて活用しても、特許侵害を訴えられ、高額の損害賠償金をとられる。後発企業がビジネスを開始できないことになり、競争による産業発展が抑えられる。

「ビジネス方法特許」（新規のビジネス方法に特許を与えるもの）について、特許が後発企業を妨害する弊害が特に大きい。例えば、ウエッブ上に写真を搭載して販売する方法、そして「ワンクリック・ショッピング」がこれに該当する[2]。特許侵害で訴えられないためには、公開されている特許を探索して自社の新規アイデアが既存特許を侵害していないのかを調べなければならない。これは費用のかかる仕事であり、ベンチャー企業と中小企業にとっては耐え難い負担になる。

国家が特許権者に付与する排他権は、イノベーション振興のため、やむを得ず認めるものである。排他権は後発企業を妨害するので、排他権の保護期間と排他幅を限定する必要がある。この見方は米国において特に明確である。アメリカ建国の父であると共に知財の父でもあるトマス・ジェファーソンによれば、「発明は……本質的に所有権を与えるには適さない」。しかしイノベーションを振興するため、やむを得ず「公衆には迷惑ではあるが、排他権を特許に付与する」[3]。

米国と同様に特許の目的を功利主義的にとらえる見方が世界の主流となった。日本でも特許は、イノベーション意欲を保護するため必要な限りにおいて保証する排他権であるとみなす必要がある。この見方は、情報技術（以下、IT: Information Technology）を代表とするハイテク産業に特に求められる。現代のテクノロジーではイノベーションが累積的に進行する。先行発明を基盤として後発発明が積み重ねられ、新技術と製品が継続的に生み出されていく。最初の発明に強すぎる排他権を与えると、過大な特許ライセンス料（ロイヤルティ）支払いにより、後発イノベーションのコストがかさみ、イノベーションが進化しない。

したがって特許を一方的に「強くかつ広く」すべきとする主張には警戒が必要である。1990年代ごろから日本では特許強化論が唱えられてきている。この論は、米国に比べて未整備であった日本の特許法制と裁判制度を米国に追いついて充実させる点では意義があった。先進国の中でも格段に、日本の特許法は近年に強化された。しかし現時点においては、特許の排他権を一方的に強化する施策を継続すれば、イノベーションの発展と普及をかえって損なう。経済学者の実証研究によれば、日本での特許法強化改正はイノベーションを向上させる効果をもたらさなかった[4]。米国と同じく日本においても現在求められるのは、特許をひたすら強化することではなく、特許による排他権を適正に抑制する施策である。この施策として、特許政策にとどまらず、競争法・独禁法により特許権の濫用を規制することが求められる。

2　特許濫発と「特許の藪」

特許が簡単に与えられすぎる傾向があり、特許権者が獲得する排他権が広すぎるので、国民経済上の大きな損失を招いている。米国連邦取引委員会（FTC）は特許と競争政策についての2つの報告書（2003年、2011年）において、現行の特許制度がもたらしている弊害として次を指摘した[5]。

① 「ロイヤルティ積上げ royalty stacking」　現代のハイテク製品は、多数の技術を集合して設計・製作されている。1つの製品製造に数多くの特許を利用しなければならない。多数の特許権利者が個別に特許利用許諾（ライセン

ス）の対価（ロイヤルティ）をメーカーに要求するので、メーカーが支払うロイヤルティ額が積みあがる。ロイヤルティのコストを、メーカーが製品価格に転嫁すれば、消費者が購買意欲を失う。この結果、新製品の開発製造が妨げられる。

②　「ホールドアップ」戦略によるロイヤルティ吊り上げ　「ロイヤルティ積上げ」現象は、特許収入だけによって利益をあげる研究開発（R&D）専業企業が増加したことによって加速された。R&D 企業とは異なりメーカーは、製造のために必要な他社特許は自社特許とのクロスライセンス（ライセンスの交換）により取得する。このため自社特許ロイヤルティ額を妥当額に抑える。しかし近年に増加している R&D 専業企業は製造・販売を行わないので、自社特許をメーカーにライセンスしてロイヤルティを得ることをビジネスモデルとする。高額ロイヤルティを獲得するための戦略的行動として R&D 専業企業は、特許共同利用のための業界組織であるパテントプールへの参加を拒否する。業界のアウトサイダー企業が極めて高額のロイヤルティを要求する企業戦略が「ホールドアップ」である（ホールドアップの詳細について本書第 4 章参照）。

③　MAD 戦略がもたらす「特許の藪」　ホールドアップへの対抗策として、各社が自社特許を数多く特許庁に申請（出願）する。軍拡上の過当競争をもたらす MAD（mutually assured destruction）戦略のように特許申請競争がエスカレートし、特許が繁茂する。新製品を開発・製造する企業は数多くの特許ライセンスを他社から受けなければならなくなる。ライセンスは拒絶されることがあり、拒絶されなくても高額ロイヤルティを要求される。製品開発・製造が「特許の藪 patent thicket」に阻まれる。

3　特許の濫発を抑える方策

(1)　**申請特許の厳格審査**　「特許の藪」に代表される特許制度の弊害を減少させるためには、申請（出願）された特許を特許庁（米国では「特許商標庁」）が厳格に審査する必要がある。上記 FTC「特許と競争政策レポート」が対処策を打ち出している。

まず、特許濫発を抑える仕組みが特許制度自体に組み込まれているので、そ

の特許法基準を厳格に適用する必要がある。WTO の TRIPS（知的財産権協定）により世界共通化された特許制度では、次の３要件をすべて満たす発明の申請に対し特許庁が特許を付与する。①「新規性 novelty」、②「進歩性 inventive step」（米国では「非自明性 non-obviousness」と呼ぶ）、③「有用性 usefulness」（産業上利用できること）の３要件である。

この基本３要件に加えて、第④要件として、特許付与を申請する発明（製品あるいは製造方法について）は、その範囲を特許申請書（明細書）に明確に記載しなければならない。申請する製品・方法分野の同業者が、明細書記載（クレーム）に従ってその製品を製造できる程度の明確さが要求される（特許開示における「実施可能性 enablement」要件）。以上４要件を特許庁が厳格に適用する必要がある。

(2) **進歩性の要件審査の徹底**　　特許付与の基本３要件の中で、新規性と有用性は、新規発明について何らかの実用性があることを特許申請者が示すだけで、簡単に認められる。最後の進歩性要件が、特許濫発を防止するための鍵を握る。

進歩性要件とは、「その発明が属する分野において通常の知識を有する者」(a person having ordinary skill in the art: PHOSITA) が当然に思いつくような発明には特許を与えないとする要件である（米・日・欧の共通基準）。進歩性基準は、個別のテクノロジー分野ごとに独自基準が形成されてきている。進歩性に欠ける特許により競争者を排除する行為は、競争法・独禁法により違法と認定されやすい（本書第３章）。

(イ)　**要件緩和と特許濫発**　　進歩性を特許庁（及び、特許庁決定に対する不服を審査する裁判所）が低いレベルに設定すると、画期的新発明であることが要求されず、既存技術の改良にとどまる発明が特許を取得するので、「特許の藪」を悪化させる。米国では、知財を専門とする連邦巡回区控訴裁判所（Court of Appeals for the Federal Circuit: CAFC）[6]の登場以来、進歩性要件が低められてきている（FTC 公聴会参加者の多くによる証言）。進歩性要件を満たさないとして特許商標庁が却下した申請発明を CAFC が救う例が少なからずある。

進歩性の認定について裁判所が、「商業上の成功」などの２次的要素に依拠する傾向があることに FTC 公聴会参加者の多くが懸念を表明した。FTC は裁

判所に対し、商業的成功が進歩性の証拠となるかについては個別事例に応じて評価することを提言した。発明の進歩性が「顕著で説得的」である場合にのみ「進歩性」を認めるべきである。この基準採用により、特許商標庁と裁判所は、公知の技術あるいはささいな発明には特許を付与しないことができる。

　㈡　示唆テスト──米国最高裁 KSR 判決　　連邦巡回区控訴裁判所（CAFC）は、特許申請のあった発明が、先行発明から「示唆」を得ている場合には「進歩性」を否定し、したがって特許を与えない。他方、先行発明から示唆を受けていない場合には進歩性を認定し、特許を認めてきている。FTC は専門家意見に基づき、この「示唆」テストが、進歩性認定についての PHOSITA 基準要件を緩めすぎていると批判する。法規定に忠実に、関係産業の従事者が有する独創性と問題解決能力に照らして新規発明の進歩性を判定すべきとするのが FTC 提言である。

　米国反トラスト当局（司法省と FTC）は、特許濫発を防ぐため、進歩性要件を巡る訴訟において裁判所に意見を提出してきている。具体例として KSR 事件において、示唆テストを批判する意見を反トラスト当局が最高裁に提出した。[7]

　この KSR 事件は、自動車アクセルペダルの特許侵害訴訟である。Teleflex 社が KSR International 社に対し特許侵害訴訟（侵害者に対し特許利用差止及び損害賠償を請求する訴訟）を提起した。Teleflex 特許は、クルマのアクセルペダル調整器具に電子センサー（ペダルに乗せる足の位置を感知して、エンジンに送信する）を組み合わせるアイデアに付与された。訴えられた KSR は、Teleflex 特許のアイデアは進歩性を欠く（自明である）ので、特許は無効だと反論した。

　CAFC 判決は、上記の「示唆テスト」の観点から原告の特許権者（Teleflex）側を支持し、特許が成立するとした。つまり、アクセルペダルについての先行特許（アサノ特許）は、Teleflex による電子センサー組み合わせ方式を「示唆」していない（したがって、Teleflex 特許が自明とは決定できない）とした。

　これに対し司法省・FTC の意見では、「示唆テスト」を機械的に適用すると特許が容易に与えられすぎるので、競争を制限し、消費者利益を損なう。先行特許は、自明な事項を特許申請書に記載しないことが多いので、先行特許の申請書に書いていない技術を採用する後発特許であっても、それだけでは、進歩

性（非自明性）を認めるべきではない。示唆テストによってではなく、「その発明が属する分野において通常の知識を有する者（PHOSITA）」が考案することができたアイデアであるかを審査することにより、進歩性の有無を裁判所は検討すべきである。

　このKSR事件は最高裁まで争われたが、2007年判決の中で米国最高裁はCAFCの「示唆テスト」が硬直的にすぎると批判した。この批判に司法省・FTC意見書の見解が反映されている。進歩性の判断はケースバイケースの総合判断によるべきとするのが最高裁判決である。

　(3)　**ビジネス方法特許の制度改善**　ビジネス方法（ビジネスモデル）に特許を付与するべきかについてアメリカで論議が積み重ねられてきた。しかし特許を付与すること自体については、判例（CAFCのステートストリート判決）により決着している。アメリカに続いて日本でもビジネス方法特許を認めることが確立した。したがってビジネス特許制度を適正に運用することが大事である。具体的には、ビジネス方法に対する特許付与要件、中でも進歩性（非自明性）要件を特許庁と裁判所が適正に審査する必要がある。

　インターネット関連産業において特に、新規の競争がビジネス方法特許により阻まれる事態が生じやすい。特許申請されたビジネス方法の先行技術を特許庁が探索することが困難なためである。ビジネス方法特許の歴史が新しいので、先行事例が乏しい。進歩性がこのため幅広く認められ、ビジネス方法特許が濫発されてきた。

　この問題については米国特許商標庁が対策（Business Method Initiative）をとった。対策の第一は、特許申請のビジネス方法に先行するビジネス方法を探索することであり、第二は、特許審査官が必ず調査しなければならない分野を定めることである。

4　クレーム開示

　進歩性要件に加えて、実施可能（enablement）要件（特許付与のための上記第4要件）を特許庁が厳格に審査することが求められる。特許申請者は、申請の明細書記載において、特許対象の範囲記述（クレーム）をできるだけ抽象的・一

般的な表現にすることにより、特許の通用範囲を拡大しようとする。特許法はこれを防ぐため、明確で具体的なクレーム記載を要求している。どの程度具体的な記載を要求するかに関して、先行発明保護と後発発明振興のバランスをとることが求められる。

　これに関する特許法基準が「実施可能 enablement」要件である。つまり、「特許申請の技術が属する分野に習熟する人物が通常の実験によりその発明品を作成し、利用することができる程度に発明を開示する必要がある」（米国特許法 112 条；日本特許法 36 条 4 項 1 号も同様）。具体例として、ねずみ用のインシュリン特許は、人間が利用するインシュリンには及ばないとした審査例がある。ねずみ用インシュリン特許が開示した内容から、人間用インシュリンを作るためには、通常を超える実験が必要であると米国特許商標庁は判定した。

　「特許申請の技術が属する分野に習熟する人物」は実施可能要件のみならず、PHOSITA として、進歩性要件の指標ともなっている。これに該当する人物の能力程度は産業分野ごとに異なる。このため、実施可能要件を満たすために必要なクレーム開示（記載の具体化・詳細化）程度は産業分野ごとに異なる。

　PC ソフトやスマートフォン・アプリ等のソフトウエアには著作権のみならず特許が付与される。ソフトウエア特許に関して、情報開示が乏しいクレームに特許が付与されているとの批判が FTC 公聴会で出された。典型事例として、ソフトウエアのソースコード（プログラミング言語の羅列）を開示しないクレームに対しても特許を付与することが判例として定着している。対照的に、バイオテク分野においてはクレームにおける情報開示が厳格に要求されており、遺伝子配列コードを明らかにすることが特許付与の条件として義務づけられている。

5　クレーム開示と均等論——米国最高裁 Festo 判決

　特許クレームの実施可能要件と密接な関係を有する特許理論が「均等論」である。均等論とは、特許クレームが具体的に特定する記載をしていなくても、記載内容と実質的に同等（均等）と解釈できる発明内容までその特許がカバーするとみなす考え方である。米国最高裁 Festo 判決[10]によれば、「特許の保護範

囲は、クレームの文字通りの記載に限定されず、クレーム記載の均等物に及ぶ」。均等論は日本にも導入された（1998年ボールスプライン軸受事件最高裁判決）。

(1) **均等論の意義**　均等論の利点として、既存特許のクレーム記載にわずかな変更を施すだけで新規特許を申請するものには特許権付与を特許庁が拒絶する。しかしその反面の弊害として、均等論は「特許の保護範囲を不鮮明にする。……特許の範囲について確信をもてなくなるので、競争事業者は、既存特許範囲に隣接する製造活動に参入するのを躊躇する。さらに、均等論により拡大された特許範囲に入る製品であることに気がつかずに、競争業者が事業投資してしまう事態が生じる」（Festo 判決）。裁判所は先行発明のイノベーション保護と後発発明がもたらす競争保護をバランスさせるように均等論を運用しなければならない。

(2) **均等論と Festo 判決**　申請（出願）特許の特許庁審査中に申請者がクレーム記載を変更（補正）した点に着目して、均等論の範囲を縮小する見方を米国最高裁は打ち出してきている。特許申請者は、特許による排他幅を広げるために、できるだけ広く解釈できる表現をクレーム記載に用いる。しかし、広く解釈できるクレーム記載は、既存特許（あるいは特許をとらずに公開されている技術）に抵触する可能性も広げる。その点を特許庁審査官から指摘された申請者は、クレーム記載を「補正」して排他幅を縮小する。この縮小部分については、均等論により排他幅を広げて解釈することを許さないとする判例基準が「審査手続過程の禁反言 prosecution history estoppel」論である。

既に1997年最高裁 Hilton-Davis 判決[11]がこの見方を表明していたが、大きな反響を呼んだのは2002年最高裁 Festo 判決である。Festo 判決によれば、「相手が特許を侵害したと主張している発明について、特許権者が当初の特許審査段階ではクレームに含めていたが、特許付与を拒絶されたことに対応してクレーム記載範囲を縮小した場合には、縮小したクレーム範囲について特許権利者は、付与された特許に均等する…と主張することが許されない」[12]。

最高裁判決に先立つ控訴裁（CAFC）判決は、拒絶査定への補正としてクレームを縮小した範囲については、均等論適用を一切排除する見方を打ち出していた。しかし、上訴を受けた最高裁はこの見方を緩めて、挙証責任を特許権利者に負わせるにとどめた。つまり、均等論否定の推定を覆すに足る証拠を特許権

利者が提出すれば、裁判所は均等論を認める。

6 サブマリン特許

　米国特許制度の欠陥として内外の企業が批判してきた現象に「サブマリン特許」がある。日本及び欧州の特許制度では、特許申請（出願）から一定期間経過後には申請内容が公開される。これとは異なりアメリカでは申請された特許が特許取得時点まで公開されなかった。特許取得時点で突然に特許の存在が浮上するので、特許対象技術を既に利用していた企業が不意打ちを受ける。これが「サブマリン特許」である。

　特許申請から特許取得までの期間、申請中特許の存在が外部者には判明しない。特許が付与され、公開される以前に、多数企業が特許のクレーム範囲に入る製品の企画と販売に多額の投資をしてしまっている。特許公開後にはじめて特許の存在に気がついても、その段階では製品企画をいまさら取り止められない。特許権利者に巨額ロイヤルティを要求され、ろうばいすることになる。この事態を恐れて、新規製品の企画に企業が踏み出さない。イノベーション意欲が減退し、競争が損なわれる。

　しかしサブマリン特許問題には既にかなりの程度の法的対処がなされた。1999年の特許法改正（American Inventors Protection Act of 1999: AIPA）により、すべての申請特許（米国内だけに申請された特許を除く）は登録時点から18ヵ月後に公開される。申請特許の90％が本制度により公開されている[13]。

　サブマリン特許問題を米国において深刻にしていたもう1つの要因は、特許権取得の優先関係についての、米国特許法の「先発明 first-to-invent」主義であった。世界各国が「先登録 first-to-file」主義（「先願」主義とも呼ぶ）を採用する中で、米国だけがWTO・TRIPS成立後も先発明主義に固執していた[14]。登録の先行競争では大企業が有利になる。先発明主義に米国が固執し続けていたのは、真の先行発明者を特許当局が調査してつきとめて、中小発明家を保護するためである。しかし先発明主義では、特許申請の登録を公開した段階においても特許取得の優先権が確定しない。特許権の先行権利者が不確定なままに長くすえおかれる。このため、発明成果を多くの企業が製造し始めた後に、真の

先行発明者が突然に浮上する事態（「サブマリン特許」問題）が生じやすい。

オバマ大統領就任の後、米国議会はようやく2011年新法（Leahy-Smith America Invents Act: AIA）により、特許制度を「先願主義」に改めた。ただし2013年3月16日以前に登録された特許については「先発明主義」が適用され続ける。今後も長年の間、先願主義特許と先発明主義特許が米国では併存する。「サブマリン特許」問題は改善されたが、解消はしていない。

コラム1　ミッキーマウス法とフェアユース

政治上の力関係が知財権利者側に有利に働いている。知財に付与される排他権は政治により拡大強化されやすい。知財の保護程度が適正に抑えられていれば、発見や創作アイデアが広く拡散する。しかし、アイデア普及の利益を受ける一般市民はばらばらの存在であり、政治的に団結できない。これに対し知財権利者の企業側（メディア企業など）は、知財強化のために団結して政治行動に乗り出し、政治資金を惜しみなく支出する。知財に関する法律改正のたびに知財の排他権が拡大されることになる。

わかりやすい事例として、米国の著作権存続期間が、1998年法（Sonny Bono Copyright Term Extension Act of 1998）により、それまでよりも20年分延長された。この結果、著作者没後も70年間著作権が存続する。この権利期間延長は、TPP（環太平洋パートナーシップ協定）により、日本にももたらされた。この法律は俗に「ミッキーマウス法」と呼ばれるように、著作権延長の恩恵を受けるメディア・ハリウッド企業（ディズニー社が代表）の政治力により実現した。著作権延長がなければ、ドナルドダックなどのディズニー・キャラクター著作権は21世紀初頭に有効期限切れを迎え、誰でもインターネットのホームページ作成などで無料利用できるはずであった。しかしミッキーマウス法のおかげでディズニー社著作権が今も存続している。

創作意欲を確保する目的は、著作者死後50年までの権利期間で充分以上に確保できる。死後70年への延長（しかも遡及効果あり）は、創作意欲保護論では説明が不可能であり、政治力学によってしか説明できない。日本でも、著作権法改正のたびに著作権者の権利が拡大されてきており、米国と同じ政治力学が働いている。

他方、アメリカでは「フェアユース fair use」が法定（米国著作権法107条）されており、著作権拡大がもたらす弊害を抑えている。フェアユースとは、著作権法違反のコピー行為であっても公益を増進させる場合には裁判所が合法と判定することを指す。フェアユース論は日本の著作権法では認められていない。著作権法改正に

より日本でもフェアユース論を導入することが望まれる。

フェアユースが認められた代表事例として、グーグルが主要大学図書館の何百万冊の書籍をスキャンし、誰でもウエッブ上で検索エンジンにより利用できるようにしている（Google ブックス）。この事業を合法的に行うには、グーグルが書籍著作権者から利用の了解を得て、対価として著作権料を支払わなければならない。しかし、すべての著作権者を事前に探し当てるのは不可能である。このためグーグルは、Google ブックスを無断で開始してしまい、事後に反対を表明して来た著作権者の著作を Google ブックスから外す（opt out）方式を採用した（反対しない著作権者には著作権料を支払う）。

この opt out 方式は著作権の不当侵害に当たるとして、全米作家協会が裁判所に訴えた。しかし裁判所は、Google ブックスは公益を増進しており、かつ著作権者の利益にも配慮していることを指摘し、「フェアユース」論によりグーグル側を支持した。[15]

TPP（環太平洋パートナーシップ協定）（参加国政府が2016年2月に調印したものの、発効は米国をはじめとする参加国議会の批准待ち）は、米国の要求を容れて、著作権保護期間を著作者死後70年間とすることを取り決めた。協定参加国の日本政府は、現行では著作者死後50年の著作権保護期間を70年に延長する法案を国会に提出した（2016年3月）。他方、米国で著作権者に対抗するユーザー側の拠り所となっているフェアユースは TPP には取り入れられなかった。

7　特許の排他権と消尽論

(1) **消尽論の意義**　特許を利用して製造した製品を販売してしまった後は、特許製品の利用方法を特許権者（著作権者も同様）が制限することは許されない。例えばアイパッドにはアップル社の特許が多く含まれているが、アイパッドを購入した消費者が中古ショップに転売するのをアップル社は特許権により阻止できない。

日本を含む各国特許法がこの見方を採用しており、「消尽論」（"exhaustion" あるいは "first sale" 論）と呼ばれる。特許技術により製造された製品が転々と流通していくのに、いつまでも特許権者が製品利用方法を制限できれば、商品流通が妨げられる。この事態を防ぐために消尽論が各国で採用されている。

いったん製品販売した後に特許権者が製品利用方法を制限しようとしても、

消尽論のおかげで特許権が及ばない。したがって、特許権者が特許権によってではなく、契約（不特定多数の顧客を相手とする定型化契約――「約款」）により制限を課そうとすれば、競争法・独禁法が適用される。

（消尽論が該当しないので特許権の効力が認められる場合であっても、特許権行使に競争法・独禁法適用が完全に排除されるわけではない。知財の利用許諾（ライセンス）拒絶等の制限行為と競争法・独禁法の関係について本書第3章で説明する。ライセンス契約における制限条項に対する競争法適用については第5章で説明する。）

　消尽論を認めることについて各国の意見が一致しているのは国内取引についてであり、国際取引についての消尽（「国際消尽」）については、米国・EU・日本において取り扱いが異なる。国際消尽の有無が問題になるのは特に、ブランド商品が「並行輸入」（メーカー専属代理店以外の独立業者による正規ルート外からの輸入）される場合である。ブランド商品メーカー（あるいは専属代理店）が知財（特許、著作権あるいは商標権）を行使して、並行輸入を阻止できるかが各国で争われてきている。WTOの知的財産権協定（TRIPS）では、国際消尽には触れておらず、取り扱いは各国に任されている。

(2)　**消尽論の適用範囲**　特許利用者の行為を特許権者が制限することが消尽論のために許されないのは、製品販売後の製品利用（use）についてである。販売後（購入後）であっても、特許の利用者が製品を再製造（remaking）すれば、特許権侵害になる。補修品や消耗品について、「利用」と「再製造」の区別は微妙であり、裁判で争われてきている。「利用」と認定される範囲を広げる（「再製造」と認定される範囲を狭める）ほど、消尽論の適用範囲が広がり、したがって当面の競争は促進される。しかし特許の効力が弱まるので、イノベーションを促進する効果が損なわれる。

(イ)　**プリンター・インクカートリッジの場合**　特許製品の「利用」と「再製造」の区別は、インクジェットプリンターのインクカートリッジに関して米国と日本の双方で裁判事件となった。インクジェットプリンター本体をメーカーは利益の出ないような廉価（1万円程度）で販売するが、インクカートリッジを高額に設定し、そこから利益を得ている。カートリッジのインキは短期間でなくなるので、消費者はカートリッジを頻繁に買い換えなければならない。しかし、独立業者が現れて、インクを詰め替えられるようにするか、あるいは

安い互換カートリッジを販売すると、インクジェットプリンターのビジネスモデルが崩壊する。

米国の事件では、ヒューレットパッカード（HP）社製プリンターのインクカートリッジを独立業者の Repeat-O-Type（ROT）社が市場で購入し、インク穴のシールを改造することによりインクを繰り返し再注入できるようにしたものを HP 製プリンターのユーザーに販売した。これに対し HP 社は HP インクカートリッジ特許の侵害であるとして訴えた。HP 社の主張では、ROT 社が発売した入替え可能カートリッジは再利用あるいは「修理」されたものではなく、新規に製造されたものであり、HP 特許を侵害している。[16] しかし裁判所はHP 主張を退け、ROT 社が勝訴した。ROT 社は HP 製カートリッジを購入して改造しただけなので、「修理」と同じであり、HP 所有のカートリッジ特許を侵害していないというのが判決理由である。

この米国 HP 事件に類似した事件が日本ではキヤノン製プリンターについて提訴された。日本の最高裁は、米国控訴裁判決とは逆に、互換カートリッジは新規に製造されたものなので、消尽論は成立せず、したがってキヤノン所有のインクカートリッジ特許を侵害すると判決した。[17]

キヤノンから訴えられた業者は、使用済みのキヤノン製インクカートリッジを回収し、それにインクを充填したものを輸入・販売していた。カートリッジ回収業者は、単にインクを充填したのではなく、「インク注入のための穴を開ける…インク供給口からインクが漏れないようにする措置を施す」などの加工を行っていた。この点をとらえて最高裁（下級審の知財高裁も同じ）は、「特許権者等が我が国において譲渡した特許製品につき加工や部材の交換がされ、それにより当該特許製品と同一性を欠く特許製品が新たに製造されたものと認められるときは、特許権者は、その特許製品について、特許権を行使することが許される」と判示した。

米国と日本の裁判所の見解は対立しているわけではない。インクカートリッジなどの互換製品が「利用」（修理を含む）か「再製造」なのかの判定によって、消尽論適用の有無が判定されるのは日米共通である。米国の HP 製品に比べて日本のキヤノン製品の互換製品は加工度が高い。米国裁判所もキヤノン製品については「再製造」（したがって消尽論の適用否定）を肯定すると考えられる。

現在ではインクジェットプリンター各社は、純正カートリッジ以外のカートリッジをユーザーが装着すると、それをプリンターがセンサーにより電子的に感知し、プリンターが作動しなくなるようにしていることが多い。このためユーザーは改変カートリッジ（あるいは互換カートリッジ）を使用できない。このように技術的方法により互換品を利用できなくすることに対して、独禁法違反の競争者排除行為であるとして互換品業者が訴えることが考えられる。しかし、故障防止などの正当目的をメーカー側が主張できれば独禁法違反は認定できない。日本の公取委による事例では、キヤノン製インクカートリッジが搭載するICチップについて公取委は、「技術上の必要性……等の範囲を超えて……ユーザーが再生品を使用することを妨げる場合には、独占禁止法上問題となるおそれがある」との見解を表明した[18]。

　㊁　遺伝子組み換え種子の場合　　「利用」と「再製造」の区別は、最近には遺伝子組み換え種子について米国最高裁で争われた[19]。遺伝子組み換え種子は米国等先進国だけでなくインド等途上国にも普及している。本判決には世界的意義がある。遺伝子組み換え種子のパイオニア企業で圧倒的シェアを維持しているのが米国モンサント社である。同社は、大豆の遺伝子組み換えにより農薬耐性の強い種子を開発し、農家に販売している。農家がその大豆種子作付けを許されるのは、モンサントとの販売契約により1シーズン限りである。農家は毎年モンサントから種子を購入することを余儀なくされる。

　このモンサントとの契約義務を迂回しようとする農家が現れ、これに対しモンサント社が提訴した。本訴訟の被告農家は、モンサント種子により収穫された大豆を他の農家から購入し、その大豆を自分の農場に作付けた。収穫された大豆の種子を被告農家は翌年以降も繰り返し作付けた。この農家が組み換え種子の特許を侵害しているとしてモンサントが訴えた。農家側は、モンサント特許は消尽論により消滅していると反論した。

　米国最高裁は、被告農家の行為は単なる「利用」ではなく「再製造」なので、消尽論は該当しない（したがってモンサント特許を侵害している）と判決した。購入した種子から被告農家が1回限り大豆を収穫していれば、消尽論が適用される。しかし被告農家は、成長した大豆から生成した種子を繰り返し用いているので、「再製造」している。このように解釈しなければ、モンサント特

許の経済価値は消滅する。[20]

　消尽論の適用範囲について最高裁モンサント判決は、消尽論の政策根拠に照らして妥当なバランス判断を行った。プリンター・カートリッジあるいは遺伝子組み換え種子に限らず、消尽論の該当性が微妙なケースは今後も繰り返し出現する。消尽論の政策根拠にさかのぼって、個別状況ごとにバランスのとれた判断を裁判所が下すことが求められる。

1）　「著作(者)人格権」とは、財産権としての著作権とは別に、譲り渡せない著作者の人格上の権利（記述変更を許さない権利など）が存在するとする見方である。米国には存在せず、欧州と日本の著作権法が認めている。
2）　「ワンクリック・ショッピング」とは、クレジットカード情報と商品送付先情報を顧客ごとにまとめて管理し、顧客が1回ウエップ上でクリックすれば、商品をその住所に届けるだけでなく、クレジットカードからの引き落としも同時に行うネット販売方法である。アマゾンがアメリカで特許を取得した（1999年）: Bohannan, C. and Hovenkamp, H.（2012）, *Creation without Restraint*, Oxford University Press, pp.102–11.
3）　著作権についても米国では特許と同じ功利主義の見方が支配的である。しかし、欧州（およびその伝統を受け継いだ日本）では、創作者の本来的かつ人格的な権利として著作権をとらえる見方が根強い。
4）　Sakakibara, M. and Branstetter, L.（2001）, "Do Stronger Patents Induce More Innovation? Evidence from the 1988 Japanese Patent Law Reforms" RAND Journal of Economics, 32（1）. 最近の著作として、後藤晃（2016）『イノベーション　活性化のための方策』（東洋経済新報社）は、より中立的立場を示しており、プロパテントあるいはアンチパテントというような次元で特許制度を操作してイノベーションを活発化しようとするのは無理があるとする（158頁）。
5）　FTC 2003年報告書（"To Promote Innovation: The Proper Balance of Competition and Patent Law and Policy"）。FTC 2011年報告書（"The Evolving IP Marketplace: Aligning Patent Notice and Remedies with Competition"）。
6）　CAFCは、特許関係事件の控訴審を専属管轄する控訴裁判所であり、1982年に新設された。CAFCは特許の排他権を過度に尊重する傾向がある。この理由として、専門化裁判所のCAFC裁判官は視野が狭く、イノベーションに関する経済・法律論文を勉強していないことが指摘されている: National Research Council（2004）, *A Patent System for the 21ˢᵗ Century*, Washington D.C.: The National Academies Press, p.86.
7）　Brief for the United States as Amicus Curiae, KSR International Co. v. Teleflex, Inc. & Technology Holding Co., 2006 WL 1455388.
8）　KSR Intl. Co. v. Teleflex, Inc., 127 S.Ct. 1727（2007）.
9）　State Street Bank & Trust v. Signature Financial Group, 149 F. 3 d 1368（Fed. Cir. 1998）, *cert. denied*, 525 U.S. 1093（1999）.
10）　Festo Corp. v. Shoketsu Kinzoku Kogyo Kabushiki Co., 535 U.S. 722（2002）.
11）　Warner-Jenkinson Co. v. Hilton Davis Chemical Co., 520 U.S. 17（1997）.
12）　Festo, 535 U.S. at 733–34.
13）　ただし、外国には申請せずアメリカ内だけに申請する特許は本制度から除外される。この除

外規定を利用して、依然としてサブマリン特許を悪用して、競争者から高額ロイヤルティを獲得する行為が行われる余地がある。
14) どちらを採用するかについて TRIPS は触れていないので、先発明主義は TRIPS に違反しない。
15) 2013年ニューヨーク地裁判決を作家協会側は上訴したが、控訴裁はグーグル側を支持した――Authors Guild v. Google Inc., 2nd U.S. Circuit Court of Appeals, No. 13-4829 (October 16, 2015). 作家協会側は最高裁に上訴したが、最高裁は取り上げなかった(2016年4月)。このためグーグル側勝訴が確定した。
16) Hewlett Packard Company v. Repeat-O-Type Stencil Mfg. Corp., 123 F.3d 1445 (Fed Cir. 1997).
17) 特許権侵害差止請求(リサイクル・アシスト対キヤノン)事件、最高裁2007年11月8日判決、平成18(受)826、裁判所サイト〈http://www.courts.go.jp/app/files/hanrei_jp/371/035371_hanrei.pdf〉. 本最高裁判決後に、同じキヤノン製インクカートリッジについて新たな事件が提訴された――知財高裁2011年2月8日判決、裁判所サイト〈http://www.ip.courts.go.jp/hanrei/pdf/20110209103025.pdf〉. 本事件では、互換品の加工度が前の事件よりも高く、消尽論がやはり認められなかった。
18) 公正取引委員会「キヤノン株式会社に対する独占禁止法違反被疑事件の処理について」(2004年10月21日)。
19) Bowman v. Monsanto Co., 133 S. Ct. 1761 (2013).
20) Id. 1766-67.

第 2 章　競争者間協調と競争法・独禁法
――技術標準化とパテントプール

　本章では、技術開発上の競争者間協調に対する競争法・独禁法規制を検討する。現代の技術には特許が付与されているので、技術開発の協調は特許利用の協調に他ならない。特許利用の協調として最も重要になってきたのが、技術を標準化するための協調である。

　スマートフォンを典型として、IT（情報技術）製品・サービスの利用者は通信・交流するため広い範囲の相手とつながっている必要がある。このような「ネットワーク産業」の企業が新技術を新製品に結実させ、事業として成功させるためには、技術を標準化するために業界が協調する必要がある。技術規格が乱立していてはネットワークが成立しないので、消費者が新技術を利用しない。例えば携帯電話は、小数の友人間だけで使ってもある程度の役には立つが、通信できる人の数が増えるほど個々人にとっての利便が高まる。日本の携帯電話各社の通信技術は互換性があるように標準化されている。ドコモからソフトバンクのスマートフォンに通話・通信できる。

　技術の標準化を政府が行なっていたのは過去の話であり、現代の標準化は、民間企業が集合して結成する「標準化団体 standard setting organization: SSO」によって実施されている。標準化は技術（テクノロジー）について行われる。技術対象の知財として圧倒的に重要なのは特許である。それに次いで、営業秘密は、自社技術を公開せず秘密にしておくことを企業が選択する場合に、特許の代用として用いられる。特許よりも保護程度が劣るが、営業秘密に対しても、秘密保持の努力をしているなどの要件を満たせば、知財としての保護が国から付与される。第三に、技術に関する著作権として、ITソフトウエア（パソコンソフトやスマートフォン・アプリ）を開発した企業は、特許と共に著作権を取得できる。以下では特許について説明するが、説明のほとんどは営業秘密及びソフトウエア著作権にも該当する。

　技術標準化は消費者のために必要であるが、競争している企業が話し合って

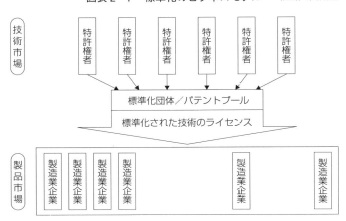

図表 2-1　標準化のビジネスモデル　（出所）筆者作成

決めるので、競争法が禁止するカルテルに該当するのではないかとの疑いが生じる。実際に、革新的企業が開発した新技術を、現行標準に合わないことを口実として、業界団体に集合した既存企業がしりぞける事例が発生してきている。しかし標準化のほとんどは、消費者に利益をもたらす性格の協調であり、価格カルテルや入札談合のように弊害が明白な「ハードコアカルテル」ではない。標準化のための協調を競争当局は敵視しない。標準化を口実として企業が協調して競争を制限するのを阻止することが競争当局の役割である。

1　技術「標準化」のための協調行動

　現代社会は技術についての「標準 standard」なくしては成り立たない。標準（「規格」と呼ぶこともある）とは、新技術が採用する共通規格であり、どの企業が製造した製品・部品であっても互換性があり、組み合わさって機能するようになる。
　標準のわかりやすい例は電気製品のコンセントであり、同じ形状をすべてのメーカーが採用しなければ、消費者の役には立たない。DVDやスマートフォンなどハイテク製品の標準はもっと複雑である。形状のデザインだけでなく、異なる企業が供給する多数の部品（それに含まれる各技術）が相互に組み合わ

さって機能し、単一機能を発揮するように取り決める。この「互換性標準 inter-operability standard」において特許の取扱いが問題となる。

標準は政府関係の機関が策定する場合もある（日本のJISとJASの例）。しかし政府ではなく民間企業が話し合って作成する標準（フォーラム標準）が主流になってきている。理由の第一として、政府の役人よりも民間企業のエンジニアの方が産業に詳しいプロである。第二に、政府には官僚組織につきものの非効率性と作業の遅さがつきまとう。現代の標準のほとんどは民間の標準化団体が作成している。

一つの技術について異なる標準化団体が並立し、市場で競争する場合もある。DVDの新規格開発においてブルーレイ陣営（ソニーなど）とHDVD陣営（東芝など）が競争したのがこの実例である。しかし、複数標準の並立は短期にとどまる。市場で多数派になった方の標準がネットワーク効果により急速に単一標準となる。

民間標準化団体が作成した標準が、国際的な標準機関—ISO（国際標準化機構）・IEC（国際電気標準会議）・ITU（国際電気通信連合）—に持ち込まれる。国際的標準機関が採択することにより、民間の標準化団体が作成した標準が公式の国際標準（国際規格）となる。世界貿易機関（WTO）が制定したTBT協定（Agreement on Technical Barriers to Trade: 技術的障壁に関する協定）上の義務として、WTO加盟国は自国規格を国際標準に整合させる義務がある（正当な理由が認められれば、国際標準を採用しないことが例外的に許される）（TBT協定2.4）。TBT協定は、ISO・IEC・ITUが定めた標準を「国際標準」として公認している。

単一企業が作り上げた規格が、競争に勝ち残ることにより、市場を独占して標準となる場合もある（デファクト標準）。マイクロソフトのウインドウズそしてアドビのアクロバットPDFがこの例である。しかしハイテク製品のほとんどは1社の特許だけでは製造できない。IT製品の標準技術には数百・数千の特許技術が集合している。デファクト標準は例外的存在である。

標準化しようとする技術に関与する企業が集まって、標準化団体を結成し、標準化技術に組み込む特許技術を採用決定し、それを標準化団体の幹事会が管理する。コンピュータや半導体などのハイテク産業では、標準化された技術・

製品の開発・製造のために、各社に分散した何百・何千の特許を集約する必要がある[1]。

ハイテクなかでも IT 産業の標準化団体は米国に本拠を置くものがほとんどである。この場合、日本の標準化団体は米国本部の支部として機能している[2]。標準化活動に参加する日本企業は、日本の独禁法にも増して米国反トラスト法に違反しないように注意しなければならない。

米国反トラスト法と並んで EU 競争法の重要性が世界的に上昇してきている。業種ごとに単一の標準化団体が欧州全体を統括しており、準国家機関的な統制力を発揮している。「欧州電気通信標準化機構」(European Telecommunications Standards Institute: ETSI) が代表例である。この ETSI が作成した GSM 標準が携帯電話の国際標準（第2・第3世代標準：2G, 3G）になった。この例が示しているように、欧州標準化団体が作成した標準が、ネットワーク効果により国際標準となる傾向が見られる。

2　パテントプールのメリット

標準化団体を構成する企業の多くは、標準化する技術に組み入れる特許（パテント）を集積するための「パテントプール patent pool」を組織している。現代のパテントプールの多くは技術標準化のために結成されている[3]。

ただし標準化団体とパテントプールは別組織である。標準化団体に参加してもパテントプールには参加しないことを選択する企業が少なくない（クアルコム社が代表例である）。パテントプールの場合、集約した特許を外部企業に「一括ライセンス」するので、個別特許権者は独自に高額ロイヤルティを設定できない。

(1)　**プール集積特許の「ワンストップショッピング」**　　パテントプールは数多くの特許技術を効率的に集積（プール）し、新テクノロジー（それに基づく新製品）を開発するための仕組みである。ハイテク産業にパテントプールが集中しているのは、1つのハイテク製品の開発・製造のために何百・何千の技術を集約しなければならないからである。プールされる技術に付与されている知財として、パテントプールの名前が示すとおり特許が圧倒的に多い。それだけ

でなく営業秘密（ノウハウ）とソフトウエア著作権もパテントプールに組み入れられる。このため EU では「技術プール Technology Pool」と呼ぶ。

　パテントプールは第一に、複数の特許権者が特許を集積し、互いにライセンスし合う仕組みである。この点は 2 社間の「クロスライセンス」も同じである。クロスライセンスを多数企業間で実施するものがパテントプールである。互いに相手の特許を必要としてプールに参加しているので、構成員企業間では特許侵害訴訟（それに伴う差止請求訴訟）は提起しない。訴訟費用のかさむ特許紛争をプールが防止している。

　パテントプールは第二に、集積した特許をひとまとめにして、構成員に対してのみならず外部企業に対しても「一括ライセンス package license」する仕組みである。特許料（ロイヤルティ）も一本化される。一括ライセンスは特許の「ワンストップショッピング」であり、特許利用企業の取引費用を劇的に削減する。

　大規模プールはジョイントベンチャー（コンソーシアム）として企業体を構成し、構成員企業群から任命された経営陣が運営している。1990 年代以降に結成されたプールの多くは標準化団体が設立したものである。標準の多くは国際標準（国際規格）であるため、標準化団体とそのパテントプールは国境の枠を超え、先進国の主要企業がすべて加入している。

　プールからの一括ライセンスにより、特許利用メーカーの取引コストが大幅に縮小する。それだけでなく、支払うロイヤルティ総額も個別ロイヤルティの累積総額より安くなる。この利点に注目して、公共政策としてプール結成を促進することが提唱されている。しかし同一産業の企業がそろって参加するプール（及び標準化団体）にはカルテルによる競争制限を招くリスクがある。主要国の競争当局は、プールの利点を損なわないように留意しつつ競争法（反トラスト法・独禁法を含む）を運用してきている。大規模プールの構成員企業は、主要国（米 EU 日本と中国）競争法のすべてに対応しなければならない。

　(2)　**「特許の藪」と「ブロッキングパテント」の解消**　　ハイテク産業、中でも IT そしてバイオテク（生物工学利用の医薬品等）産業では 1 製品の開発・製造に必要な特許技術が何百にのぼる。携帯電話の 3G（第 3 世代）標準には何千もの特許が組み込まれている。

何百・何千の特許が絡む新技術を開発して、製品化に乗り出すのは地雷原を歩くようなものであり、他社の特許を簡単に侵害してしまう。特許侵害訴訟を提起されれば、長期の訴訟費用がかさむ。訴訟に敗れれば、製品開発と製造に必要な特許の使用を差し止められるので、事業撤退を余儀なくされる[4]。そのうえ高額の賠償金を支払わされる。もっとも、特許侵害訴訟の80％程度は和解（セトルメント）によって解決している[5]。しかし和解においても特許権者が強い交渉力を有する。特許利用側のメーカーは高額特許料（ロイヤルティ）支払いを余儀なくされ、事業経費が高騰する。

特許侵害訴訟に巻き込まれるのを避けるには、製品化しようとする新テクノロジーを構成する数多くの特許技術を探索して、特許権者の各社からライセンスを受ける必要がある。特許探索に費用と時間がかかるだけでなく、多数にのぼる特許権者と個別にライセンス交渉する取引費用がかさむ。そのうえ、各社に支払うロイヤルティが積み重なって、総額で巨額のロイヤルティとなる。数多くの特許が「特許の藪」（本書第1章2）となり、製品開発を妨げる。

「特許の藪」現象を悪化させる要因として、ハイテク産業では研究開発が段階的に積み重なって進展する。先行するパイオニア的な発明の特許が「先行特許」あるいは「基礎特許」であり、それを改良する発明が「改良発明」である。「改良発明」した企業は特許（改良特許）を取得できる。しかし「改良特許」取得企業が製造に乗り出す際には、先行特許のライセンスを受けなければ、先行特許の侵害となる（日本の特許法第72条）。

逆に、先行特許の所有企業が改良特許を取り入れるためには、改良発明した企業からライセンスを受けなければならない。このように、基礎特許権者と改良特許権者がそれぞれ独自には新製品を製造することができず、相互にブロックする関係が「ブロッキングパテント blocking patent」である。

「特許の藪」が、ブロッキングパテント現象とあいまって、先端産業の研究開発を妨げている。これを解消するための切り札としてパテントプールに期待が集まっている。特許の藪とブロッキングパテントの双方をパテントプールが解決するからである。

(3) バイオテク産業リサーチツールの「特許の藪」とパテントプール　バイオテク産業の「リサーチツール research tool」について「特許の藪」現象

がとりわけ問題となっている。リサーチツールとは、バイオテク製薬会社（及び製薬技術会社）が新薬成分を探索し、新薬を開発するための道具となる技術である。遺伝子組み換え・DNA（デオキシリボ核酸）配列・クローン（遺伝子などのコピー）などがその例である。リサーチツールには特許が取得されており、「特許の藪」となっているため、バイオテク新薬の開発に障害が生じている。他方、高齢化社会を迎えた各国で認知症・アルツハイマーをはじめとする難病が深刻な社会問題となっている。新薬開発（創薬）のためにはリサーチツール「特許の藪」問題を解決しなければならない。

リサーチツール「特許の藪」が近年に深刻化したのは次の2要因のためである。第一に、政府支給の科学研究（科研）費により基礎研究を実施する大学・研究機関は研究成果に特許を取得できなかった。しかし、これを改め、特許取得を許容するための法律が制定された。[6] 米国のバイ・ドール法（2000年）であり、日本でも「日本版バイ・ドール条項」[7] が制定された。バイ・ドール法制定後、大学・研究機関による特許取得が爆発的に増加した。基礎研究が生み出したリサーチツールに特許が取得され、特許の藪をもたらした。

第二に、リサーチツールは医薬品製造段階ではなく、実験研究段階で利用される。実験研究段階では、既存特許を利用しても特許侵害にはならないとみなされていた。日本の特許法69条1項は「特許権の効力は、試験又は研究のためにする特許発明の実施には、及ばない。」と規定している。ところが、2002年米国の判決[8]により、大学等がリサーチツールを研究開発段階で用いた場合であっても、その研究から何らかの利益を得る場合には、特許を無断使用してはならないとされた。この米国での特許法解釈変更が日本にも波及した。上記特許法69条1項の解釈変更によるものであり、「試験又は研究」を狭く解することにより、試験・研究の特許除外規定をリサーチツールには適用しない見方が通説となった。[9]

リサーチツール「特許の藪」は、研究成果が特許権により囲い込まれることにより生じたものである。「囲い込み」を特許制度の本質的欠陥であるとする評者は、「非共有地の悲劇」（各権利者が部外者を排除することの弊害）の代表例として「特許の藪」現象を挙げている。[10] しかし、「非共有地の悲劇」を解消するために特許制度を否定すれば、今度は、企業は自ら開発努力をせず、共有の研

究成果物を早い者勝ちに利用する。これは「共有地の悲劇」である。特許をはじめとする所有権制度は、共有地の悲劇を解消するために近代国家が創り上げてきた法制度である。特許制度の利点を維持したまま「非共有地の悲劇」を解消するための方策として、パテントプール結成が奨励されている。

(4)「ロイヤルティ積上げ」の解消　「特許の藪」を悪化させる現象として「ロイヤルティ積上げ royalty stacking」がある。ハイテク製品を開発するには、数百に昇る技術の特許ライセンスを受けなければならない。ロイヤルティ支払い総額が積み上がる。

できるだけ高額のロイヤルティを特許権者が要求するのは合理的行動である。しかしその結果としての「ロイヤルティ積上げ」のコストを支払い側（ライセンシー側）のメーカーは回収しなければならない。ロイヤルティ額を製品価格に転嫁せざるを得ない。新製品が高価格となり、顧客をわずかしか獲得できず、事業が破綻する。このように割の合わないロイヤルティを支払うメーカーはわずかな数にとどまるので、結果として特許権者（ライセンサー）の利益は低下してしまう。

この現象は経済学において「二重マージン」による過大価格付けと呼ばれる。二重マージンを解消するためには、独占力を有する企業（特許権者）間の共同行為が必要である。価格の共同決定は価格カルテルであり、通常は価格を吊り上げる。しかし二重マージン状況下では、競争者が協調することにより合計価格（ロイヤルティ総額）を引き上げるのではなく引き下げて、集団としては最大利益を得るロイヤルティ額を実現する。個別ロイヤルティ積上げの場合に比べて、ロイヤルティ額プールにより価格総額は低下する。[11]「ロイヤルティ積上げ」問題をプールが解消する。

パテントプール結成が特許の藪を解消する切り札となる。しかも「二重マージン」問題を解消するので、プール結成は特許権者総体の利益になる。しかし開発・製造に必須となる特許の権利者が多数にのぼる場合、自社だけはプールに参加せず、高額ロイヤルティを要求することにより利益を上げようとする企業が現れる。これが「ホールドアップ」行動であり、競争法上の取り扱いが問題となっている（本書第4章で説明）。

3 パテントプール・標準化団体での競争者間協調と競争法ガイドライン

　パテントプール（以下「プール」）そして標準化団体は同業者の協調組織なので、競争当局による監視が必要である。ただし、正当な事業目的のために組織された団体なので、競争制限だけを目的とする「ハードコアカルテル」ではない。プール及び標準化団体は、企業統合と「独立企業間の提携」の中間的存在である。共同事業を単一企業体として経営するためには、構成員が協調しなければならない。構成員として加入させる企業は取捨選択する必要がある。構成員として認めたもの以外の企業からの加入申請は構成員が共同して拒絶する。これらの競争者間協調あるいは「共同ボイコット（共同取引拒絶）」を競争当局は、直ちには競争法違反とは認定しない。

　米国 EU 日本の競争当局は、プール（標準化団体についても同じ）が取引コストを劇的に削減し、経済効率を向上させることを承知している。ただしその反面でプールがカルテル的に機能することを懸念する。このため競争当局は、プールの効率向上（競争促進）効果と競争制限効果をバランス判断する。プールの中で行われる協調行動による弊害を防止するための措置（セーフガード）を採ることを条件として、プール結成を容認するのが競争当局の基本的姿勢である。

(1) 競争者間協調に対する競争法・独禁法規制　標準化協調とプールに対する競争法規制を理解する前提として、競争者間の協調に対する競争法基準を理解する必要がある。「競争者間協調」は、「競争者排除」（次章で取り扱う）と並んで、競争法が対象とする企業行為2大分類の1つである。競争者間協調は伝統的に「カルテル」と呼ばれてきた。企業が競争を止め、価格協調すれば、価格が吊り上げられる。品質改善競争もしなくなるので、イノベーションも停滞し、消費者利益が格段に低下する。競争者間協調はカルテルであり、厳格に禁止しなければならないと伝統的には考えられてきた。

　競争者間協調は「水平的制限」とも呼ばれる。市場で並行的に競争している企業が互いの行動を制限する内容の協調だからである。他方、メーカーと販売

店間など、川上・川下の垂直関係にある取引は「垂直的制限」である。競争していない企業間の取決めなので、垂直的制限はカルテルとして非難されるべき協調ではない。特許ライセンスに際してライセンシーに課される制限は、特許権者とシーが競争者である場合には水平的制限であり、競争していない場合には垂直的制限である。本章は水平的制限を説明し、垂直的制限については第5章（ライセンス条項についての章）で説明する。

　(イ)「ハードコアカルテル」とその他の協調の分別　競争者間協調の中で明らかに弊害のある協調は一部だけであり、消費者に利益をもたらす協調が少なくない。パテントプールそして技術標準化は有益な競争者間協調の典型である。現代経済では競争者間協調すなわちカルテルとみなすわけにはいけない。

　主要国の競争当局に共通して、競争制限だけを目的とすることが明らかな価格・数量・地域分割カルテルや談合を「ハードコアカルテル」と名付け、「当然違法」（米国）あるいは「原則違法」（EU・日本・中国）とする。当然違法（原則違法）該当のハードコアカルテルに対し競争当局は、協調が実施されたことの認定だけで違法を決定し、行為企業の市場支配力や協調の経済効果などは一切検討しない。

　米国反トラスト法の特徴として、当然違法のハードコアカルテルを犯した企業のみならず責任者の個人（企業幹部）を米国反トラスト当局（司法省）は犯罪者として刑事訴追する。つまりハードコアカルテルは、贈収賄やインサイダー取引と並ぶ「ホワイトカラー犯罪」とみなされ、企業幹部個人による犯罪として処罰する。カルテル実行を裁判所が認定すれば、カルテルを犯した企業幹部は犯罪者として刑務所に収監される（日本企業幹部もかなりの人数が米国刑務所に収監されてきている）。他方、米国とは異なり、EU・日本・中国ではハードコアカルテルを犯した個人（企業幹部）ではなく、企業（法人）に制裁金・課徴金を課す（日本の独禁法では米国と同じく企業幹部に刑事罰を科すことが可能ではあるものの、公取委による刑事告発は極めて稀であり、裁判官が実刑（刑務所収監）を科した例が皆無である）。

　価格あるいは数量の協調は通常はハードコアカルテルと認定される。ただし、正当な共同事業（標準化団体、プールなど）に付随して実施される協調であれば、価格協調であってもハードコアカルテルとはみなさず、「合理の原則」

図表 2-2 競争者間協調に対する反トラスト法規制フローチャート

※EU競争法と日本独禁法の規制では、これと異なるところがある。　　筆者作成

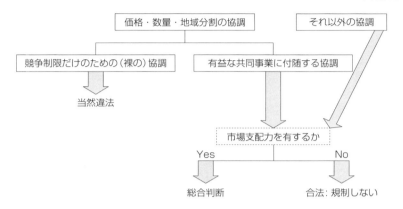

により総合判断して違法・合法を判定する（上記**図表 2-2**）。総合判断による違法認定の場合には、犯罪としては扱わない。当該企業に行為是正を命令するが、企業幹部個人に刑事罰は科さない。

日本の独禁法では、競争者間協調は「不当な取引制限」に該当する場合に禁止される。「不当な取引制限」に該当するのは、競争者間協調が「競争の実質的制限」をもたらす場合である（独禁法 2 条 6 項）。「競争の実質的制限」とは市場支配力を意味するので、独禁法の条文規定では、「ハードコアカルテル」であっても当然違法とはされず、協調により市場支配力が形成されることを公正取引委員会が認定する必要があることになる。

しかし公正取引委員会は、価格カルテル・入札談合などのハードコアカルテルは「原則違法」であると表明してきており、簡略化した審査により「競争の実質的制限」を認定してきている。したがってハードコアカルテルに対する公正取引委員会の独禁法適用は米国・EU が代表するグローバル基準と大筋において整合する。

(ロ)　ハードコアカルテル以外の協調に対する総合判断　　パテントプール（及び標準化団体）において実施される競争者間協調は、プールを隠れ蓑として行うカルテルではない限り、ハードコアカルテルではない。プールと標準化団

体に対して米国反トラスト当局は「合理の原則」により審査する。「合理の原則 rule of reason」というのは、制限行為に対し消費者利益の観点から総合判断して、違法・合法を判定する審査方法である。違法と認定した場合でも、協調組織（標準化団体あるいはプール）解体を命令するのではなく、是正措置を命令するにとどめる（罰金は課さない）。

EUの欧州委員会による競争法適用も、ハードコアカルテル（及び少数の原則的違法該当行為）以外に対しては総合判断である。日本の公取委による競争者間協調（ハードコアカルテル以外のもの）審査も、ほぼ総合判断と考えてよい。

合理の原則の第1段階審査では、対象の制限を実施する組織が市場支配力を有するか否かを判定する。「市場支配力 market power」というのは、対象の組織が競争状態よりも価格を実質的な期間引き上げて、利益を上昇させることができる力である。組織が市場シェアを50％程度以上有することが通常は必要である。規制対象の組織が市場支配力を有していなければ、その組織は競争を制限する力を有しないので、競争当局が規制する必要がない。

日本の独禁法においても同じく、水平的制限を違法と認定するためには市場支配力を公取委が認定する必要がある。水平的制限は、「競争の実質的制限」（つまり市場支配力）をもたらす場合に「不当な取引制限」として違法を認定される（独禁法2条6項）。

プールと標準化団体は、ネットワーク効果（広範囲の顧客が標準技術により相互交流する産業でトップ企業にシェアが集中する現象）のおかげで、市場支配力を獲得することが通常である。

市場支配力の判定には、市場シェアだけでなく、新規参入の可能性など多くの要素を考慮しなければならない。この判定には多大の時間と労力を有する（ハードコアカルテルを当然違法とするのは、この労力を避けるためである）。規制される企業が自ら市場支配力の有無を判定するのは極めて困難である。このため米国・EU・日本の競争当局はいずれも、企業コンプライアンス（社会的責務を企業が自主的に遵守すること）の指針として作成した「知財ガイドライン」において「セーフハーバー（安全圏）」数値を市場シェア数値（20％程度）などにより示している。セーフハーバー数値は、企業行動の安全圏を具体的数値として示したものである。セーフハーバー数値を超えた場合に常に市場支配力を認定

することを表明しているわけではない。競争当局は、個別の状況に即して、市場シェアだけでなく、新規参入の可能性、過去の競争制限的行動の観察などを総合的に考慮して市場支配力の有無を判定する。

　市場支配力をもたらす競争者間協調あるいは共同組織がすべて違法と認定されるわけではない（ただしハードコアカルテルは当然に違法とされる）。第2段階審査として競争当局は、市場支配力をもたらす協調に対して、競争制限効果と効率向上効果（「競争促進効果」とみなされる）の比較考量を行う。協調の競争制限効果よりも効率向上効果の方が大きく、消費者利益を増大する場合には、協調行為を競争当局は許容する。したがって企業側は、競争者間協調が競争促進効果を発揮することを競争当局に対し説得的に主張しなければならない。プールあるいは標準化による消費者利益増大の方が競争制限の弊害より大きければ、競争当局は協調（そのための団体結成）を許容する（消費者利益を損なわない是正方法があれば、是正措置を命令することもある）。

　日本の独禁法では、競争者間協調は「競争の実質的制限」（つまり市場支配力）をもたらす場合に「不当な取引制限」として違法である（独禁法2条6項）。この法律規定からは、市場支配力をもたらす競争者間協調はすべて違法決定されることになる。しかし近年の公取委は、市場支配力をもたらす協調であっても、ハードコアカルテルではなく、公共目的（環境対策、製品安全確保など）に資する競争者間協調には、「競争の実質的制限」を「質的」に判断することにより、事実上の総合判断を実施してきている。[12]

　(2) パテントプールの競争制限効果をどう防ぐか　米国 EU 日本共通に競争当局は、「代替性」のある複数技術（その特許）を組み込むプールを違法と認定しやすい。代替性のある特許技術は互いに競争しているので、プールが競争者間協調（水平的制限）に該当するからである。

　他方、新技術のために「必須（不可欠）」の特許だけを組み込むプールは合法と認定する。「必須」特許は、集積することにより1つのまとまったテクノロジーとなり、製品に結実するので、相互に「補完性」がある。補完性のある特許技術は競争関係にはない。プールが必須特許だけの集合体であれば、プール結成は競争者間協調ではないので、合法である。

　ただしプールの構成員企業は、プールに組み込む特許技術については競争し

ていなくても、製品の製造販売においては競争している場合がある。製品の競争を制限する取決めをプール対象技術のライセンス条項に含めれば、その条項は競争者間協調である。例えば、次世代半導体開発のために結成されたパテントプール自体は、補完的特許だけを集合する（代替的でしたがって競争関係にある特許は含めない）場合には、非競争者間協調（垂直的制限）である。しかし、プールされた技術を利用して製造された半導体の販売価格を各社が統一することをライセンス条項に含めれば、その条項は競争者間協調（水平的制限）である。製品価格協調は、プール目的を達成するのに必要な協調ではないので、違法である。

　また、プール構成員企業が協調して、プールの外部企業（第三者企業）に対するライセンス料（ロイヤルティ）を一括料金とするのは、競争者間協調に該当する。しかし、ロイヤルティ一本化はプール目的を達成するのに必要な協調なので、ハードコアカルテルではない。競争当局は総合的に判断し、通常は合法と判定する（本章5で後述）。

　(イ)　プールにより市場支配力が生じるか　　プールの競争制限性は、プール構成員が集合することにより市場支配力（価格を引き上げる力）を獲得するか否かにより左右される。市場支配力を獲得しないプールに競争当局は介入しない。プールが生み出す技術を代替する技術がプール外に存在すれば、プールは市場支配力を獲得できない。ただし、標準策定のために結成されるプールは、ネットワーク効果を通じて業界単一の標準となることにより、市場支配力を獲得することが通常である。

　(ロ)　プール組み込み特許の「代替性」と「補完性」　　A特許とB特許に代替性があるというのは、A技術とB技術のどちらをプールに組み込んでも、プールが目的とするテクノロジーを実現できる状況を指している。代替性のあるA特許とB特許は競争関係にある。代替性のある特許技術を組み込んでいるプールは「水平的制限」に該当する。

　他方、プールが目的とするテクノロジーあるいは製品製造にA特許技術が必要であり、かつA技術を代替する技術がない場合には、A技術はプールにとって「必須 essential」である。プール中のα技術とβ技術が共に必須である場合には、αとβは「補完的 complementary」なので、競争関係にはない。

図表2-3　プール及び標準化団体における競争者間協調と競争法基準　筆者作成

協調行動の分類	具体例	競争制限の性格	先進国競争法に共通する対応
プール・団体を構成する特許権者間の競争制限（水平的制限）	・特許技術間の競争排除 ・ロイヤルティ共同決定	競争関係にある特許間の競争が回避されるのではないか？	標準作成に必須の特許だけを組み込むプールは合法とする。 　代替性のある特許を組み込むプールは違法・合法を総合的に判断する。ロイヤルティ額を無差別・合理的（FRAND）にするための共同決定は合法とする。 　具体的ロイヤルティ額の共同決定は違法・合法を総合的に判断する。
	・製品販売の価格協調と市場分割	製品価格の共同決定あるいは市場分割はカルテルではないのか？	製品販売についてのハードコアカルテルは当然違法（あるいは原則違法）とする。
アウトサイダーを排除する共同行動	プールへの参加拒絶／プール特許のライセンス拒絶	プール（あるいは標準化）特許を団体アウトサイダーにはライセンスしないことにすれば、プール外部企業からの競争を排除することになるのではないか？	プール構成員を限定することは許容する。ただし、プール特許を利用する外部企業にはFRAND条件でライセンスを提供しなければならない。

　ブロッキングパテント（双方を組み合わせて利用する必要のある特許）も補完関係にある。

　「補完的特許」は通常、「必須特許」でもある。しかし厳密には、補完的特許ではあっても必須特許ではないものが存在する。必須特許ではない補完的特許を組み込んでいるプールをEU競争当局は違法と認定する場合がある（後述のEU技術移転ガイドライン説明）。

　プールに組み込む複数技術が代替性のあるものであれば、技術間競争がプールにより消滅するので、ロイヤルティが引き上げられる。逆に、組み込まれる

技術が補完的なものであれば、個別特許のロイヤルティを積上げる場合よりも、全部の特許をプールにより一括したロイヤルティ額は低額となる。

米国・EU・日本に共通に、必須特許だけを組み込むプールを競争当局は許容する。他方、代替性のある技術を組み込むプールを競争当局は違法と認定しやすい。しかし、ある技術が代替技術か補完的技術かの判定は困難な場合が多い。代替技術・補完技術の区分が困難なため、代替性の可能性のある特許もプールに組み込まざるを得ない場合がある。米国とEU共通に、代替性のある技術を組み込むプールであっても、直ちに違法とはせず、個別状況に即して違法・合法を総合的に判断する。

(3) **米国知財ガイドラインとパテントプール**　知財ライセンス条項に反トラスト法を適用する基準を米国反トラスト当局（司法省及び連邦取引委員会[FTC]）は「知財ライセンスに対する反トラストガイドライン（以下、知財ガイドライン）(2017年1月改正)」により説明している。知財ガイドラインは、反トラスト法適用対象の競争制限を水平的制限（競争者間協調）と垂直的制限（非競争者間協調）に区分している。

代替的（したがって競争関係にある）特許をプールに組み込む場合、プールは水平的制限に該当する。他方、補完的特許だけを組み込むプールは、水平的制限ではないので、プールが設定するライセンス条項は垂直的制限に該当する。垂直的制限は水平的制限に比べて競争制限性は低いものの、競争を制限する場合がある。垂直的制限の典型例はテリトリー制（ライセンシーの業務地域制限）であり、個別の特許（その技術）内に限定する競争制限がもたらされる（ライセンス条項における垂直的制限は本書第5章で取り扱う）。

プール対象技術について競争者間協調が行われなくても、プールした技術を使って製造する製品の価格協調や販売地域分割を構成員が取り決める場合には、製品市場における競争者間協調となるので、水平的制限である。プール成果として生み出される新テクノロジーの一括ロイヤルティをプール構成員が共同して決定するのも水平的制限である。

EUの技術移転ガイドライン（2004年制定、2014年全面改定）が詳しい説明を行っているのに比べて、米国知財ガイドラインの説明は簡略である。規制基準の詳細については、反トラスト当局がプールに対する指導例を公開した文書

(「ビジネスレビューレター」)、そして知財報告書(知財と反トラストについての政策文書)を参照しなければならない。

(イ)　水平的制限——当然違法の限定と合理の原則　　パテントプール(及びクロスライセンス)は、補完的技術を集合すると共に、知財の取引コストを削減するので、消費者利益を向上させる。このため基本的に競争促進的であるが、競争制限をもたらす場合もある。プールが価格・数量・地域を制限するものであっても、効率を促進する統合効果を伴えば、当然違法とはせず、違法・合法を総合判定(合理の原則)する(2017年改正知財ガイドライン5.5)。

価格(ロイヤルティ及び製品価格)や製品の生産数量をプール構成員が共同で決定することは、反トラスト当局が伝統的には当然違法としてきた水平的制限の類型に該当する。しかし、水平的制限一般に対する判例において、正当な共同事業実施のために必要な制限(「付随的制限」)であれば、価格制限であっても合理の原則を適用することが確立した(音楽著作権管理団体による価格制限を対象とするBMI判決など)。[15]

(ロ)　セーフハーバー(安全圏)　　当然違法とされる類型以外の制限に対しては、企業に安心感を与えるための「セーフハーバー(安全圏)」を知財ガイドラインが設けている。パテントプールだけでなく、知財ライセンスに共通するセーフハーバーである。各国競争当局が設けたセーフハーバーに共通するが、セーフハーバー数値を超える制限が「危ない」(違法が推定される)わけではない。セーフハーバー数値を超える場合には通常の総合判断が行われる。

①　ライセンスが対象とする市場(通常は製品市場についてのみ検討)において、特許権者と特許権利用者(ライセンシー)併せての市場シェアが20%以下の場合。②　技術市場を検討しなければならない場合には、市場シェアがわからないことが多いので、ライセンス対象の技術以外に4以上の対抗技術が存在する場合(2017年改正知財ガイドライン4.3)。

(ハ)　補完的特許・代替的特許の区分　　補完性のある特許(ブロッキングパテントなど)だけを組み込むプールには合理性がある。他方、代替性のある特許(複数)を組み込んだプールを直ちに違法と決定するわけではない。個別のプールごとに反トラスト当局が総合判断して、違法・合法を判定する(2007年司法省・FTC知財報告書)。[16]

プールに対する知財ガイドラインの説明は概括的基準を示しているだけである。基準の詳細については司法省（反トラスト局）のプールに対する指導例を参照しなければならない。この指導は、企業からの問い合わせに対し、司法省が反トラスト法上の考え方を書面で説明する制度（「ビジネスレビューレター Business Review Letter」）による。

プールに対する代表的ビジネスレビューレターに、MPEG 2（ビデオ映像圧縮技術）プール（1997年[17]）、DVDプール（1998年[18]）、3 G規格携帯電話プール（2002年[19]）、そして「周波光学読み取り技術」プール（2008年[20]）であり、いずれも技術標準化のためのプールを対象とする。2002年までのビジネスレビューレターでは、補完的特許と代替的特許について次の基準を司法省は表明した。

① プールに組み込む特許は補完的特許に限定しなければならず、代替的特許を組み込んではならない。
② 補完的特許だけをプールに組み込むことは、プール目的のために必須な特許だけを組み込むことに相当する。

「補完的特許」とは別に、「必須（essential）特許」という表現も用いているのは、補完的であり、したがって代替性のない特許はプール目的のために「必須」とみなされるということである。

プールに含めるのを許容する特許を必須特許に限定する規制基準を設けると、構成員の特許が「必須」なものであるかをプール管理者が審査しなければいけない。これでは厳しすぎるという苦情が複数の企業から寄せられた。この指摘を取り入れて、2007年司法省・FTC知財報告書は、代替的特許を組み込むプールを当然違法とはせず、総合判断すると表明した。司法省・FTCが、知財関係者の意見を容れて、代替的特許を組み込むプールに対する姿勢を緩和したわけである。

㈡　プール構成員企業の研究開発制限は総合判断　構成員企業の研究開発意欲を削ぐ効果を及ぼす制限をプールが取り決めることが少なくない。典型的な制限として、構成員が実施した研究開発の成果を、あらかじめ定めた低額ロイヤルティで他構成員にライセンスすることが取り決められる。研究開発の努力をしない構成員がただ乗りできることになるので、研究開発意欲が損なわれる。その反面で研究開発制限は効率を高める効果（したがって競争促進効果）も

もたらす。プール全体の規模の利益を実現、あるいは構成員間の補完関係を強化するなどの効果である。したがって反トラスト当局は総合判断（合理の原則）により研究開発制限の違法・合法を判定する。

　㈭　プール外部企業に対するFRAND条件でのライセンス供与義務　　プールされた技術の特許ライセンスを受けることを希望する企業すべてに「公正・合理的・無差別（Fair, Reasonable and Non-discriminatory: FRAND）」条件で、プール構成員はライセンスを提供しなければならない。この旨を MPEG 2（ビデオ映像圧縮技術）プール（1997年）、DVD プール（1999年）、そして3G規格携帯電話プール（2002年）（いずれも技術標準化プール）を対象とするビジネスレビューレターが表明している。

　㈥　プール外部のライセンシーに対する垂直的制限　　垂直的制限とは、競争関係にない企業間で取り決める制限である。プール外部の特許利用者にプール構成員が課す制限は、両者が通常は競争していないので、垂直的制限である。垂直的制限を反トラスト当局はすべて合理の原則により判断する（垂直的制限の規制基準については本書第5章を参照）。

　プールの幹事会は、プールへの参加をオープンにはせず、構成員企業を限定することが通常である。新規参加を希望する企業をプール幹事会が拒絶することが少なくない。共同での取引拒絶は、「グループボイコット」として、伝統的には当然違法とされてきた。しかし現在では判例により、正当な共同事業を達成するために共同取引拒絶が必要な場合であれば、当然違法ではなく合理の原則により判定する[21]。

　合理の原則の具体的内容として、プールへの新規参加をプール構成員が（幹事会を通じて）共同で拒絶するのは、次の2条件を併せて満たさなければ、合法である。①参加拒絶された企業が、ライセンス技術により製造される製品の市場において有効に競争できなくなる、②プール構成員が併せて対象市場において市場支配力を有する。この2条件を満たすプールであってもそれだけでは違法とせず、参加拒絶がプール目的上必要か、競争にどう影響するかなどを総合的に判定する（2017年改正知財ガイドライン5.5）。

　(4)　EUの知財ガイドラインとパテントプール　　EUにおける知財ガイドラインは「技術移転ガイドライン」（2014年）[22]である。プールは一括ライセンス

により取引コストを削減すると共に「ロイヤルティ積上げ」問題を解消し、効率を向上させるので、競争を促進する（技術移転ガイドライン［以下、EU GL］para 245)。この好意的見方に基づき、EU ガイドラインは米国知財ガイドラインと同様の基準を表明している。ただし、補完的特許がすなわち必須特許であるとの見方を EU ガイドラインは採用していない。補完的であるが必須ではない特許をプールに含めれば、競争法違反を認定する場合がある。その反面、代替性のある特許を含むプールであっても合法とする場合について、EU ガイドラインは米国ガイドラインとは異なり、詳しい説明を行っている。

(イ) 必須で補完的技術の特許だけを組み込むプールは合法　プールに組み込まれる特許が必須特許であれば、同時に、代替性がない（補完性がある）特許にも該当する（EU GL 252)。ただし、代替的特許と補完的特許の区別が微妙な場合が少なくない。部分的には代替的であっても、プールに一緒に組み込むことにより統合利益が達成される複数特許は補完的とみなす（EU GL 254)。プールに組み込む特許を必須（かつ補完的）特許に絞り込む作業を専門家が実施したプールは合法性が高い（EU GL 256)。

(ロ) プールに対するセーフハーバー　2014年ガイドラインにより、プールにセーフハーバー（安全圏）が適用されることになった（2004年ガイドラインからの変更）。ただし、セーフハーバーは市場シェアで示されてはいない。次の質的要件7つをすべて満たすプールが、市場での有力性に関わりなく、常に合法と認定される（EU GL 261)。① プール対象技術に関係する技術を保持する企業すべてにプール参加が開かれている。② 必須（同時に補完的）特許だけが組み込まれることを保証するためのセーフガードが設けられている。③ 競争にとって重要な情報（製品製造量・価格など）が構成員間で交換されないようにセーフガードが設けられている。④ プール構成員に対するライセンスが「排他的ライセンス」ではない。⑤ ライセンスが FRAND 条件により実施される。⑥ 組み込まれる特許の有効性及び必須性を構成員が争うことが禁止されていない。⑦ プール技術と競合する技術・製品を構成員が開発することが禁止されていない。

(ハ) 代替的特許を組み込むプールに対する総合判定　複数の代替的特許を組み込むプールは、技術間競争を制限するので、通常は競争法101条[23]（競争者間

協調に対する条項）違反を認定する（EU GL 255）。ただし、代替的特許を組み込むプールであっても欧州委が合法と認定する場合がある。必須性要件以外のセーフハーバー要件をすべて満たすプール、あるいは、必須特許以外の特許を組み込むことが競争を促進する場合などである（EU GL 265）。したがって、現在の米国当局と同じく欧州委は、代替的特許を組み込むプールであっても直ちに違法とするのではなく、総合判断する。

　㈡　補完的ではあるが必須ではない特許を組み込むプールの排他効果　補完性は認められるもののプール目的から必須ではない特許をプールに組み込めば、プールに組み込まれない特許が排除される可能性がある。（米国当局が補完的特許と必須特許を同一視しているのとは異なる視点である。）プールから一括ライセンスを受ける外部企業は、プールに一括ロイヤルティを支払っているので、プールに含まれない特許を個別ライセンスする動機がなくなるからである。

　補完的ではあっても必須ではない特許を組み込んだプールは、プールが市場において大きな地位を占める場合には、競争法違反を認定されやすい（EU GL 262）。違反認定するか否かは、補完的ではあっても必須ではない特許を組み込むことがプール管理の効率などのために避けられないのかなどを考慮して判断する（EU GL 264）。

　㈥　プール外部企業に対するFRAND条件ライセンス供与義務　プールが市場支配力を有する場合には、プール技術のライセンスを望むプール外部企業（第三者企業）すべてにライセンスを提供しなければならず、そのライセンス条件はFRANDでなければならない（EU GL 269）。ただし、異なる市場ごとに異なるロイヤルティを課すのは差別ではない（EU GL 269）。外部企業へのFRAND条件でのライセンス供与をプール構成員に義務づけるのは、上記米国当局ビジネスレビューレターと共通している。

　(5)　**日本の知財ガイドラインとパテントプール**　EU知財ガイドラインの詳細な説明に比べて公取委の知財ガイドライン（「知的財産の利用に関する独占禁止法上の指針」［2007年制定、2010年改定、2016年一部改定］：以下「知財指針」）は、独禁法条文規定を繰り返すだけの説明が多い。企業がコンプライアンスに役立てるためのガイドラインとしては不充分な内容である。ただしパテントプール及び標準化に対しては、知財指針とは別のガイドライン（以下、「プールガイド

ライン」)を発表しており、より詳しい説明を行っている。

(イ) 必須特許だけを組み込むプールは合法　必須特許(すなわち補完的特許)だけを組み込むパテントプールは合法である(プールガイドライン第3-2(1)ア)。これは米国及びEUガイドラインと同じである。

(ロ) 代替的特許を組み込むプールに対する総合判断　代替的特許を組み込むプールは競争を制限するとしているものの、直ちに違反とは認定せず、総合判断する(第3-2(1)イ)。これも米国及びEUガイドラインと同じである。

(ハ) プールを通じる競争者の共同行為に対する独禁法適用　公取委の知財指針は、競争者間協調(水平的制限)には不当な取引制限規制(競争の実質的制限をもたらす競争者間協調を違法とする)を適用するとしており、その典型としてパテントプールへの適用について説明している(垂直的制限についての知財指針は、本書第5章で説明する)。

知財指針の説明は結局、パテントプールにおける様々な競争者間協調が「競争を実質的に制限する場合には、不当な取引制限に該当する」と公取委が決定することに帰着する(知財指針第3.2(1))。これは独禁法2条6項規定をそのまま繰り返しているにすぎない。

パテントプールの結成は、標準化のために用いられる場合、ネットワーク効果により市場支配力(競争の実質的制限)をもたらすことが通常である。指針説明からは、パテントプールが「競争の実質的制限」をもたらす場合にも、正当化事項(取引コスト削減など)を公取委が考慮するのかが不明である(米国EUでは市場支配力をもたらすプールの合法性を総合的に判断する)。ただし、知財指針はプールに対し、「必要な技術の効率的利用に資する」(知財指針第3.2(1))と好意的評価をしている。したがって、市場支配力を獲得するプールであっても、「競争の実質的制限」の「質的判断」として、総合判断により違法・合法を判定するだろうと推測できる。今後の新ガイドライン(知財指針とプールガイドラインを統合するもの)において公取委がこの旨を明示することが望ましい。

(ニ) プールに対するセーフハーバー　プールにおける競争者間協調は、競争の実質的制限(つまり市場支配力)をもたらす場合に違法である(上記知財指針)。しかし、プールが市場支配力を有するか否かをプール構成員の各企業が判定するのは容易ではない。これに配慮して、公取委プールガイドラインは、

図表2-4 パテントプールの競争者間協調（水平的制限）に対する
米国・EU・日本の知財ガイドライン比較　　筆者作成

	プールに組み込める特許	プール外部企業に対するライセンス供与	一括ロイヤルティ設定	セーフハーバー（安全圏）
米国	補完的特許だけを組み込むプールは合法。代替的特許を組み込むプールは総合判断。	FRAND（公正・合理的・無差別）条件でのライセンス供与義務	合法	市場シェア20％未満、あるいは、プールに対抗するテクノロジーが4つ以上あること。
EU	同上	同上	合法	シェアではなく質的要素によるセーフハーバー
日本	同上	合理的理由のないライセンス拒絶は違法。	合法	米国と同じ

セーフハーバー（安全圏）を示しており、この数値は米国の知財ガイドラインと同じである──「（1）当該プールの規格に関連する市場に占めるシェアが20％以下の場合、（2）シェアでは競争に及ぼす影響を適切に判断できない場合は、競争関係にあると認められる規格が他に4以上存在する場合」（プールガイドライン 第3-1（2））。

セーフハーバーは、プール技術を利用する製品の競争者間協調には適用されない。製品市場における協調は、技術を集約するプール目的とは関係がないからである。つまり、「規格を採用した製品の販売価格や販売数量を制限するなど明らかに競争を制限すると認められる場合」にはセーフハーバーが適用されない（プールガイドライン 第3-1（2））。

　㈣　プール外部企業への共同ライセンス拒絶　プールが組織として外部企業へのライセンス供与を拒絶するのは、プール構成員が共同してライセンス拒絶するのと同じである。この共同ライセンス拒絶は、拒絶に「合理的理由」がなく、拒絶により「競争の実質的制限」がもたらされる場合には違法（不当な取引制限あるいは私的独占）である（知財指針 第3.2（1）エ）。共同拒絶を対象とする「不公正な取引方法」規制（2条9項1号）を用いれば、「競争の実質的制限」に至らない場合でも公取委は共同取引拒絶を違法と認定できる。

「合理的理由なく」拒絶することを違法とする指針説明の反対解釈として、「合理的理由」が認められる場合には、競争の実質的制限を招く場合でも公取委は違法とは認定しないことになる。しかし、米国とEUの知財ガイドラインは、プールが外部企業にライセンスを拒絶することを禁じている（米国・EUはさらにFRAND条件を義務付けている）。日本でも、市場支配力を有するプール構成員企業によるライセンス共同拒絶は原則的に違法とする旨を知財指針において公取委が明示することが望ましい。

4　必須特許権者のFRAND宣言
　　──合理的ロイヤルティ額と無差別ライセンス

　標準に組み込まれた特許は標準を利用する企業にとってどうしても必要な特許となる（「標準必須特許」となる）ので、市場支配力を獲得する。標準の必須特許権者は市場支配力を利用して高額ロイヤルティを利用企業（ライセンシー）に要求できる。1つのIT製品の標準必須特許数は数百・数千にのぼる。「ロイヤルティ積上げ」により、ロイヤルティ総額が法外な額になり、標準を利用する製品製造に乗り出す企業が現れないことになる。この事態を防止するため、標準化団体（その幹事会）は、特許を標準に組み込むことの見返りとして、ロイヤルティ額をはじめとするライセンス条件をFRAND（Fair, Reasonable and Non-discriminatory 公正・合理的・無差別）にすることを特許権者に約束（宣言）させる。

　(1)　**特許権者がFRAND宣言する理由**　　ライセンス条件をFRANDにすることを標準化団体構成員の企業が宣言しなければならない法的義務は存在しない。しかし、FRAND宣言がなされない特許技術は、標準化団体（その幹部会）が標準に組み込まない。国際的標準化団体であるISO・IEC・ITUがいずれもこの旨を表明している。[25]米国規格協会（American National Standards Institute: ANSI）、欧州電気通信標準化機構（ETSI）など米国・EUの代表的標準化団体も同じである。このため特許権者はFRANDを自主的に宣言せざるを得ない。

　FRANDを構成員企業に宣言させるにとどめ、具体的ロイヤルティ額を標準化団体が決定しないのは、構成員である特許権者の自主性を尊重するためであ

る。

(2) ロイヤルティ・フリーから FRAND へ　　標準テクノロジーには数多くの技術が組み込まれており、それぞれに特許権者が存在する。各特許に特許権者が設定するロイヤルティ額について標準化団体が設ける基準は、上記FRAND義務だけではなく、無料化（ロイヤルティ・フリー）を義務付ける場合も存在する。なお、パテントプールの場合にはプールが一括ロイヤルティ額を設定するが、標準化団体は、ロイヤルティ額設定を団体構成員の特許権者各自に任せる（その上でFRAND宣言させる）のが通常である。

構成員企業の特許技術を標準に組み入れる交換条件として「ロイヤルティ・フリー」を要求するのが標準化団体の伝統的な方式であった。しかし無料化義務付けに替えて、FRAND条件ロイヤルティを宣言させる標準化団体が増加し、現在ではほとんどの標準化団体に広がっている。

ただしIT産業では、標準技術を誰にでも無料（ロイヤルティ・フリー）で利用させることが「オープン標準」と呼ばれ、現在でもこの方式が利用される場合がある。オープン標準の代表はインターネット通信規約（プロトコル）の「Transmission Control Protocol（TCP）: TCP/IP」（Internet Engineering Task Force: IETFが作成）である。リナックス（コンピュータ用オペレーティングシステム［OS］の1つ）もオープン標準であり、利用企業が特許を取得することを禁止している。

標準技術をオープン（ロイヤルティ・フリー）にすべきとする立場の背景には、特許で保護しなくても発明は行われるという見方がある。さらに、インターネットを代表として、IT産業の標準技術は1企業が特許により囲い込むことを禁止し、皆が自由に利用し、改良していくべきとする立場が根強い支持を集めている。「インターネット・プロトコル」そしてリナックスがオープンソフトとして維持されてきているのは、コンピュータ・ソフトなどの分野ではオープン標準に利点があることの例証である。[26]

しかし、特許取得（それに伴うロイヤルティ獲得）を否定されると、個人発明者とは異なり企業は技術開発の意欲を失ってしまう。経済的価値のある特許を所有する企業は、標準化団体への参加を見送る。このため21世紀に入る頃から、ロイヤルティ・フリーではなく、FRAND条件のライセンスを義務づける

標準化団体が増加してきた。[27] 現在では標準化団体の大多数がFRAND条件ライセンス供与を構成員企業に宣言させている。

(3) **FRAND条件の不明確性**　FRAND条件の中で「無差別 Non-Discriminatory」条件には客観性があるので、運用しやすい。ただし「無差別」というのはすべての特許利用企業（ライセンシー）を機械的に同じ扱いをすることではない。「同等条件にあるライセンシーは同等に扱う」ことが無差別の意味である。取引量の大きいライセンシーに相対的に低いロイヤルティを課すような場合は「差別」ではない。

他方、FRAND中の「合理性 reasonable」規定については、合理性の中身が規定されていないため、特許権者（団体構成員）と特許利用企業の見解が食い違いがちである。FRANDとしてどの程度具体的なロイヤルティ額を義務付けるかについて標準化団体はジレンマに陥る。

ロイヤルティをFRANDとするだけの約束（宣言）では、標準化団体構成員の特許権者は極めて高いロイヤルティを「合理的」と主張できる。このためホールドアップを防ぐ効果に限界がある。他方、ロイヤルティ額を標準化団体が具体的（製品価格の0.3％など）に定めると、集団による価格決定が違法カルテルであるとして、特許権者あるいは特許利用企業が裁判所に提訴する可能性があり、その場合に裁判所が違法カルテルを認定するリスクが存在する（本章次節参照）。

競争法違反を避ける以前の問題として、FRAND条件ロイヤルティ額を具体的に設定するのは、構成員企業の経営への過剰介入になるとして、標準化団体のほとんどは消極的である。ほとんどの標準化団体は、団体規約（IPRポリシー）によりFRANDを構成員に宣言させるものの、FRANDの具体的内容については特許権者・特許利用企業間の交渉に任せている。[28]（FRAND宣言した必須特許権者による「ホールドアップ」行為の規制について本書第4章参照。）

(4) **パテントプールとの対比**　標準化団体の場合とは異なり、パテントプールの場合には構成員各社がロイヤルティを共同決定し、外部企業への一括ロイヤルティ額を定める。[29] プールは、構成員各社から集結した特許を外部企業に一括ライセンスする。一括ライセンスに際し、ロイヤルティも一括するので、ロイヤルティの共同決定が必要になる。外部企業から徴収した一括ロイヤ

ルティ額をプール構成員は均等に（必須特許総数中の自社特許数シェアに応じて）分配するのが通常である。[30]

しかしプールは標準化団体から独立している。[31] 企業は標準化団体の構成員とはなっても、プール構成員とはならないことを選択できる。

5　ロイヤルティ額共同決定の競争法リスク軽減

標準化団体あるいはパテントプールの構成員がロイヤルティ額を共同決定することには競争法リスクが伴う。価格カルテルとして競争当局が摘発する、あるいは標準利用企業が裁判所に提訴するリスクである。しかし、標準を利用する企業向けにプール（あるいは標準化団体）構成員企業が一括ロイヤルティを共同決定するのは、プール結成と標準化目的に必要な措置とみなされる。ロイヤルティ額共同決定についての競争法リスクはほぼ消滅している。

(1)　**ロイヤルティ額上限の事前表明が普及しない理由**　特許権者（標準化団体構成員）がロイヤルティをFRANDにすると宣言していても、標準利用企業は、各特許権者とFRANDロイヤルティ額を個別に交渉しなければならない。パテントプールの場合とは異なり、一括ロイヤルティにより取引コストを削減することを標準化団体は実現していない。

FRAND宣言による「合理的ロイヤルティ」額を標準化団体が明確にするためには、自社特許が標準に採り入れられた場合に設定するロイヤルティの天井となる額を事前（標準作成作業の開始前）に構成員企業に表明させることが望ましい。個別企業によるロイヤルティ額表明は共同行為ではないので、競争法上のリスクは生じない。標準化団体が構成員企業にロイヤルティ額を事前表明させるように米国司法省は促してきている。[32] ロイヤルティ上限額等のライセンス条件を標準採択前に構成員企業が公表すれば、高額ロイヤルティを表明する構成員の特許技術は、標準に組み入れられにくくなる。

しかし、ロイヤルティ具体額を事前表明するのを構成員企業が嫌がるので、抽象的ではあるもののFRAND約束に留まる宣言がなされてきている。ロイヤルティ上限額を構成員に事前に宣言させる標準化団体は少数にとどまっている。ロイヤルティとライセンス条件をFRANDとすることを構成員にとりあ

えず宣言させることにより、標準化団体は、どの特許技術を標準に組み込むかの選択を、価格ではなく技術の質に絞って検討している。[33]

(2) **購買者カルテルとしての一括ロイヤルティ**　標準化団体とは異なり、パテントプールは一括ロイヤルティを設定する。一括ロイヤルティは、プール構成員がプール組み込み特許のロイヤルティ額を共同決定することに相当する。プール構成員の大多数は、研究開発だけでなく製造も行うメーカーである。メーカーは、標準に組み込まれる特許のライセンサーとなるだけでなく、ライセンシーともなる。シーとしての立場が強い場合には、一括ロイヤルティは購入カルテルに該当する。購入者としては価格が低い方がよいので、購入カルテルは価格（ロイヤルティ）を引き下げる方向に機能する。

競争法上、購買者が共同歩調をとることにより購買価格を引き下げるのは「購買カルテル」であり、供給カルテルと同じ反競争性があるとみなされる。競争を歪める弊害は、購入カルテルでも供給カルテルと変わらない。本来競争で成立するロイヤルティよりも低い水準の額を購買者がカルテルにより決定すれば、特許権者が得る報酬が人為的に引き下げられるので、イノベーション意欲が減退する。パテントプール構成員の中で研究開発専業企業は、もっぱらライセンサーなので、購買カルテルによるロイヤルティ引き下げに不満を抱く。プールによるロイヤルティ共同決定は不当な購買カルテルであるとする提訴が研究開発専業企業からなされるリスクが存在する。

(3) **供給者カルテルとしての一括ロイヤルティ**　一括ロイヤルティは、プール外部の特許利用企業に対しては「供給者カルテル」として機能する。例えば、音楽CDの標準技術を開発したソニーとフィリップスが共同でCD特許のロイヤルティを決定すれば、ライセンシー側のCD製造企業が支払うロイヤルティ額がカルテルにより不当に引き上げられるリスクがある。

(4) **一括ロイヤルティの顧客利益**　パテントプール・標準化団体が対象とする標準技術は、産業に属する企業の大多数が採用することになるため、市場支配力を獲得することが通常である。標準に組み込まれる数多くの必須特許のすべてが市場支配力を獲得することになる。ロイヤルティを一括決定せずに、個々の必須特許権者の自由に任せれば、市場支配力のおかげで各特許権者が高額ロイヤルティを獲得する。価格（ロイヤルティ）を共同決定しなくても、競

争事業者が集まってプールを結成すること自体が市場支配力を発生させる。したがって、市場支配力を発生させるプール（あるいは標準化団体）の結成を競争当局が認容する以上、一括ロイヤルティも認容することが論理的である。

たしかに、ロイヤルティ共同決定は、外部メーカーに対する供給カルテルとして機能する。しかしこの供給カルテルは、個別ライセンサーのロイヤルティが積み上がった総額よりもロイヤルティ総額を大幅に引き下げる。一括ロイヤルティは、プールの外部顧客であるメーカーにとっても結局は利益になる。この点からも、一括ロイヤルティを競争当局そして裁判所が是認することが自然である。

ロイヤルティ額をFRAND（つまり合理的額）にするとの約束だけでは、「合理的額」の中身があいまいである。標準化団体が具体的額（例えば製品価格の0.1％）を決定して、構成員がそれに従うことにすればよいのではないか。しかし具体的ロイヤルティ額を定めることに標準化団体は消極的である。構成員が望まないだけでなく、競争関係にある企業の集まりである標準化団体がロイヤルティ額を共同決定するのは、価格カルテルとして競争法（競争法・反トラスト法）違反に問われるリスクがあるとされてきた。

しかし競争当局による摘発リスクは大幅に低まった。一括ロイヤルティは取引コストを削減するだけでなく、ロイヤルティ額を「ロイヤルティ積上げ」の場合より大幅に引き下げる。米国・EUの競争当局と裁判所は、一括ロイヤルティ設定を寛大に扱うようになってきている。

(5) アメリカ「**標準化団体促進法**」　標準化団体は競争者を集合する共同事業なので、大きな効率向上効果があるにもかかわらず、反トラスト法違反の責任を団体構成員企業が負わされかねない。このリスクのために標準化活動が消極的になるおそれがある。リスクを軽減するため、米国議会は2004年に「標準化団体促進法 Standards Development Organization Advancement Act」を策定した。ただし標準化団体促進法は、標準化の共同行為をすべて合法化したわけではない。標準化協調に際して企業が直面する反トラストリスクを軽減するために2規定を設けたにとどまる。第一に、標準に関する共同行為は当然違法とはせず、合理の原則を適用する（犯罪として刑事罰は科さない）。第二に、反トラスト違反に対する損害賠償を三倍額（反トラスト法の一般規定）ではなく、一倍額とする。

(6) 一括ロイヤルティと反トラスト法

(イ) 反トラスト当局の寛容姿勢　反トラスト当局は標準化協調に対して、「標準化団体促進法」を超える寛容な姿勢を表明してきている。米国反トラスト当局は、標準化団体（その幹事会）による特許ライセンス条件決定（構成員間の共同決定と同等）を寛容に扱う姿勢を「ビジネスレビューレター」により公表してきている。

ロイヤルティ天井額（つまり「ライセンシーにとって最も不利になるライセンス条件」）の事前開示を標準団体構成員に義務付ける「IPR ポリシー」が反トラスト法違反の競争者間協定に該当しないかについて相談を受けた司法省は、合理の原則により検討した結果、違法として訴追することはないと回答した。[34] 連邦取引委員会（FTC）はそれを上回る寛容姿勢であり、ロイヤルティ共同決定であっても、その内容によって合法と判定する場合があると表明した。[35]

さらに、2015年ビジネスレビューレターにより司法省反トラスト局は、IT業界の標準化団体（IEEE）がロイヤルティ（及びライセンス条件）詳細をIPR ポリシーとして取り決めたことに対して、反トラスト法違反のおそれは乏しいと回答した。[36] このIPR ポリシーは、団体構成員が課すロイヤルティ額を低める方向の取決めであり、①標準に組み入れられたことにより価値が上がった分をロイヤルティ額に加算しないこと、②特許の差止請求訴訟を利用してロイヤルティを引き上げないことをIPR ポリシーに規定した。

(ロ) 一括ロイヤルティを合法とした松下電器判決　パテントプールが設定した一括ロイヤルティが違法な価格カルテルであるとして、特許利用企業が提訴した。しかし米国裁判所は合法と判決した。DVD パテントプールの構成員となっていた松下電器（現パナソニック）が訴えられた事件である。[37]

DVD の松下特許を侵害したとして松下電器が Cinram 社を提訴した。これに対し Cinram 社は反訴として、松下が参加した DVD パテントプールの一括ロイヤルティがロイヤルティを引き上げるための違法カルテルであると主張した。特許侵害を訴えられた企業が、反撃するために特許権者の反トラスト法違反を主張するのは米国で頻繁に利用される訴訟戦略である。

松下が参加した DVD プールは、外部企業に対する一括ロイヤルティ額を定めていた。ただし一括ロイヤルティを望まない外部企業は、プール構成員の特

許権者と個別にFRAND条件のロイヤルティ額を交渉することもできた。

　判決は、プールが決定した一括ロイヤルティを当然違法とはせず、競争促進的利益と反競争効果をバランス判断した。競争促進的利益の第一として、DVD特許ライセンスを各特許権者から個別に得るのに比べて、プールから一括ライセンスを受ける方が明らかに簡便である。第二に、本件の一括ロイヤルティ額（DVD1台当たり0.05ドル）は、個別ライセンスのロイヤルティを積上げた額（0.11ドル）に比べて大幅に低い。結論として、本件プールの一括ロイヤルティ額共同決定は反トラスト法に違反しない。

　(7)　**一括ロイヤルティとEU競争法──通常合法**　一括ロイヤルティに対し欧州委ガイドラインは米国より明快である。つまり、プール対象技術を利用する外部（第三者）企業に対する一括ロイヤルティ設定は、プール結成自体が合法であれば合法である。一括ロイヤルティ設定は、プール結成目的のために必須と見ているためである。一括ロイヤルティ収入のプール構成員への配分法を取り決めることも合法である（2014年技術移転ガイドライン268）。

　ただし、プール外部の特許利用企業に対して、利用企業の製品販売額のパーセンテージ（プール技術を利用しているか否かにかかわらず）として一括ロイヤルティ額をプールが定めることに対しては、欧州委はまず違法と推定する。しかし、そのような一括ロイヤルティ徴収方法しかあり得ないのかなどの状況判断により合法と判定する場合がある（ガイドライン101-102）。

　(8)　**一括ロイヤルティと日本独禁法──合　法**　公取委の「プールガイドライン」（標準化に伴うパテントプールの形成等に関する独占禁止法上の考え方）は、プール及び標準化団体による一括ロイヤルティ決定は独禁法上合法と表明している。つまり、一括ロイヤルティ決定は「ライセンス料を調整して高額化を回避することを容易にし得るなど、規格を採用した製品の開発・普及を促進するための有効な手段として、競争促進的に機能し得る」（第3-1（1））。

　プールガイドラインはまた、一括ロイヤルティの収入をプール構成員に配分する方法の取決めについても合法とみなしている──「ライセンス料の分配方法を、パテントプールに含まれる特許が規格で規定される機能・効用を実現する上でどの程度重要か、パテントプールに参加する者も規格を採用した製品を生産・販売しているかなど様々な要因に基づいて決定したとしても、通常は独

占禁止法上の問題を生じるものではない」(第3-2 (2))。

コラム2　音楽著作権管理団体とJASRAC独禁法事件

　知財権利者が集合して知財管理団体を結成するのは、パテントプールと標準化団体だけではない。音楽・映像の著作権を集中して管理する団体の重要性が高まっている。

　ラジオ局やカラオケ店が、放送する楽曲について個々の音楽著作権者から利用許可を得、著作権料（ロイヤルティ）を交渉して支払うのは、煩雑すぎ、現実的に不可能である。しかし、放置すれば著作権の海賊行為がまかりとおる。対策として、欧米そして日本において著作権管理団体（著作権団体）が結成された。米国ではBMIとASCAPの2団体が並び立っている。日本では「日本音楽著作権協会」（JASRAC）が唯一の著作権団体である。

　著作権団体は数多くの著作権者を集合して、ラジオ局等の企業顧客に音楽・映像著作権の一括ライセンス（包括許諾）を提供している。ラジオ局等は、好きなときに好きな音楽をいくら流しても、同一の一括ロイヤルティ額（包括使用料）を著作権団体に年会費として支払えばよい（包括使用料の額は放送事業収入の一定パーセントとして計算される）。一括ライセンスにより（パテントプールの場合と同じく）、個別にライセンスを得るための煩雑な交渉がいらなくなる。著作権団体は音楽・映像ビジネスに不可欠の役割を果たしている。

　しかし著作権団体は（パテントプールの場合と同じく）、競争関係にある著作権者を集合しているので、競争者間協調（水平的制限）に該当する。つまり、個々の著作権者が放送局等の利用者を獲得するための競争を行わず、管理団体を通じて「競争者間協調」している。このため、競争が制限され、著作権料が引き上げられることにより消費者利益が侵害されるおそれがある。

　著作権団体についてのもう一つの競争法問題として、現行団体が著作権者のほとんどを集結しており、著作権顧客から一括ロイヤルティ（包括使用料）を徴収しているので、新規の著作権団体が参入しがたい。これは「競争者排除」の問題である。日本の著作権団体はJASRACの独占であるが、新規参入が法律により禁止されているわけではない。しかし、日本の主だった音楽著作権者（作曲家・演奏者）がJASRACに集合しているので、JASRACに対抗する著作権団体が参入したとしても、獲得できるのは少数の作曲家・演奏者に限定される。そのうえ、新規参入した著作権団体と顧客（放送局等）が新たに契約してその管理下の音楽を放送しても、「包括使用料」方式のため、JASRACに放送局等が支払うロイヤルティ総額は減少しない。放送局等はJASRAC以外の管理団体と新たに契約するインセンティ

ブがないわけである。このため新規参入団体は、顧客となる放送局等を獲得できない。

このような性格を有する「包括使用料」方式は不当な競争者排除行為であるとして、新規参入を試みた著作権団体（イーライセンス）が公正取引委員会（公取委）に申告し、公取委が立件したのがJASRAC事件である。

JASRACが採用する包括使用料方式は不当な競争者排除行為なので、JASRACは独禁法の私的独占規定に違反したと公取委は決定した。その決定に不服のJASRACは公取委に審判開催を請求した。公取委審判による審決は、本件が「排除行為」に該当することを否定し、公取委の初期決定を覆した。この審判決定を今度はイーライセンス側が東京高裁に上訴した。高裁判決は公取委審判を覆し、JASRACの包括使用料方式が排除行為に該当することを肯定した[38]。これに対し公取委及びJASRACは最高裁に上告したが、最高裁は高裁判決を支持した[39]。このためJASRACの独禁法違反がほとんど確定した（最高裁判決は「別異に解すべき特段の事情のない限り」不当な排除行為であるとしている）。公取委に差し戻された審理において公取委は、「特段の事情」を見出さない場合には、違反状態を解消するためJASRACに命令する是正措置（排除措置）を検討することになる。

JASRAC事件については、パテントプールに対する上記の競争法上の対処例に習って、黒（違法）白（合法）の単純な二分法ではなく、ライセンス条件の内容を是正する措置を公取委がJASRACに指導することが求められる。多数の音楽著作権者を集合する団体の結成自体は（プール結成の場合と同じく）正当目的のためなので、独禁法上合法である。しかし、プールが採用するライセンス条件が独禁法違反になることがあるのと同様に、JASRACが著作権顧客（放送局など）に対して採用する取引条件が独禁法違反になる場合が生じる。本件の場合、「包括使用料」が不当な排除行為であることを最高裁はほとんど決定した。ただし最高裁は是正措置の内容には言及していない。

是正措置について、JASRAC事件と同様の事件が繰り返し訴訟で争われてきた米国が参考になる。米国反トラスト判例では、米国の音楽著作権管理団体が採用する「一括ライセンス」（「包括許諾」）は、著作権管理団体が放送局等に対して「個別契約」（プログラムごとの契約）締結の機会を与えることを条件として、（合理の原則審査により）合法である[40]。つまり、包括契約は単純に反競争的な取決めではなく、効率向上効果をもたらすので、総合的に判断しなければならない。既存管理団体が提供するのが包括契約だけであれば、新規参入を目論む団体は、顧客の放送局等を獲得できないので、参入できない。しかし、既存団体が放送局等に、包括契約に併せて個別契約を結ぶ機会を提供すれば、個別契約を選択する放送局が少なからず出現し、それら放送局等の獲得競争において既存団体と新規団体が平等の立場で競争できる。

米国の例に習って公取委は、個別取引を包括契約と並ぶ選択肢として放送局等に提供することを、JASRACに違反是正措置（つまり「排除措置」）として指示することが妥当と考えられる[41]。放送局等が個別取引を包括契約と並んで選択することを採算上可能とするためには、個別取引した分の取引量に見合う割合を「包括使用料」から割り引くことを是正措置（排除措置）とすることが求められる[42]。

　最高裁判決を受けて公取委は審判手続を実施していたが、JASRAC側が審判を取り下げる旨を申し出たので、公取委は当初の排除措置（2009年）をそのまま維持する旨を決定した（2016年9月）。維持された2009年排除措置は「当該放送事業者［NHKなど］が他の管理事業者［イーライセンスなど］にも放送等使用料を支払う場合には、当該放送事業者が負担する放送等使用料の総額がその分だけ増加することとなるようにしている行為を［JASRACは］取りやめなければならない。」である。「包括使用料」方式を取り止めることを命令するだけの内容であり、具体的な是正方法に排除措置は及んでいない。

　具体的な是正方法については、JASRACが自主的に発表した（2016年9月）[43]。つまり、公取委が排除措置命令を発出した2009年当時とは異なり、現在では「放送事業者ごとの利用実績に基づく利用割合の算出が可能となってきた」（ネット管理技術の発展によるものと考えられる）。具体的には、放送局等が新しい著作権管理団体と個別取引した分の取引量に見合う割合をJASRACが「包括使用料」から割り引く。

1）　米国の43標準化団体を調査したレムリーによれば、「特許権の無制約な行使がイノベーションにとって有害な産業」に標準化団体は集中している。具体的には電気通信・インターネット・コンピュータソフト・半導体の各産業である：Lemley, M.A. (2002), "Intellectual Property Rights and Standard-Setting Organizations", 90 Cal. L. Rev. 1889. 1954.
2）　「情報通信、電機・電子分野ではフォーラム活動のアメリカへの一極集中が進んでいる」山田肇（2007）『標準化戦争への理論武装』税務経理協会、166頁。
3）　加藤恒（2009）『パテントプール概説 改訂版』発明協会、8頁。
4）　ただし裁判所は、特許侵害を認定した場合においても、差止めは認めない（損害賠償にとどめる）場合がある（本書第4章参照）。
5）　Lemley, M.A. and Shapiro, C. (2006), "Patent Holdup and Royalty Stacking", Stanford Law School, John M. Olin Program in Law and Economics Working Paper No. 324, note 27.
6）　従前は、政府資金による研究の成果はすべて政府に帰属することになっており、研究者が特許を取得することは許されなかった。これでは研究意欲が削がれるだけでなく、研究成果の商業利用が広がらない。この対策として、政府資金による研究であっても、研究機関が特許を取得することを政府が許容することになった。
7）　米国バイ・ドール法をモデルとして、政府資金による委託研究開発から取得した知財を民間企業等に帰属させるための法律条項である（産業活力再生特別措置法第30条、1999年施行）。
8）　Madey v. Duke University, 307 F. 3 d 1351 (Fed. Cir. 2002).

9) 井関涼子（2009）「リサーチツール特許問題の解決方法」日本工業所有権法学会年報33号76頁。
10) Heller, M.A. and Eisenberg, R.S. (1998), "Can Patents Deter Innovation? The Anticommons in Biomedical Research", 280 Science 698.
11) Gilbert, R.J. (2004), "Antitrust for Patent Pools: A Century of Policy Evolution", 2004 Stanford Tech L. Rev. 3, 27.
12) 公取委現役幹部による共著テキスト：菅久修一編著（2013）『独占禁止法』商事法務研究会、35-36頁。
13) 米国反トラスト当局は、プール管理団体が技術専門家を雇用して、この選別を実施することを勧めている。
14) 米国の知財ガイドラインは1995年に制定され、20年以上維持されてきたが、このほど22年ぶりに改正案が公表された。基本的考え方は維持し、制定後22年間の運用と判例を反映させることにより、分析を洗練させたものである：U.S. Dep't of Justice & FTC, "Antitrust Guidelines for the Licensing of Intellectual Property" (January 13, 2017).
15) Broadcast Music, Inc. v. CBS, 441 U.S. 1, 20 (1979).
16) U.S. Dep't of Justice & FTC (2007), "Antitrust Enforcement and Intellectual Property Rights: Promoting Innovation and Competition", Chapter 3.
17) 司法省反トラスト局1997年6月26日レター MPEG LA, L.L.C., et al.
18) 司法省反トラスト局1998年12月16日レター DVD Formats (Philips, Sony and Pioneer).
19) 司法省反トラスト局2002年11月12日レター 3G Patent Platform Partnership.
20) 司法省反トラスト局2008年10月21日レター RFID Consortium LLC (Consortium).
21) Northwest Wholesale Stationers, Inc. v. Pacific Stationery & Printing Co., 472 U.S. 284 (1985)
22) Guidelines on the application of Article 101 of the Treaty on the Functioning of the European Union to Technology Transfer Agreements (2014/C 89/03).
23) EU競争法とは、EU基本条約（Treaty on the Functioning of European Union: TFEU）中に含まれている競争関係条項を指す。「競争法101条」は正式には「TFEU 101条」と表記される。
24) 「標準化に伴うパテントプールの形成等に関する独占禁止法上の考え方」（2005年、2007年改定）。
25) Microsoft Corp. v. Motorola, Inc., 2013 WL 2111217 (W.D.Wash) (April 25, 2013), para 31.
26) ロイヤルティ・フリーを事実上実施する一つの方法として非係争（NAP: Non-Assertion of Patents）条項の採用を標準化団体構成員が共通に約束する方法がある。非係争条項というのは、他の構成員が利用する技術が自社特許に抵触しているのを提訴しないと合意することである。事実上、ロイヤルティ・フリーで標準化団体構成員の特許を参加各社が利用できる。
27) Patterson, M.R. (2002), "Inventions, Industry Standards, and Intellectual Property", 17 Berkeley Tech. L.J. 1043, 1053.
28) 国際的標準化団体のISO・IEC・ITUがいずれもこの旨を表明している：Microsoft Corp. v. Motorola, Inc., 2013 WL 2111217 (W.D.Wash) (April 25, 2013), paras 32, 50.
29) FRANDを満たすロイヤルティ額を各プール構成員と個別に交渉する選択肢も外部の特許利用企業に与えているパテントプールが多い。
30) 「現行のパテントプールは、殆んど全て必須特許の数を基準にして［一括ロイヤルティ収入を］配分している」（加藤、パテントプール概説、65頁）
31) Microsoft Corp. v. Motorola, Inc., 2013 WL 2111217 (W.D.Wash) (April 25, 2013), para 465.
32) Wayland, J.F. (Acting Assistant Attorney General for the Antitrust Division), Testimony

before the United States Senate Judiciary Committee (July 11, 2012).
33) Hovenkamp, H. (2012), "Competition in Information Technologies: Standards-Essential Patents, Non-Practicing Entities and FRAND Bidding", University of Iowa Legal Studies Research Paper, Number 12–32, p.8.
34) 司法省反トラスト局2007年4月30日レター Institute of Electrical and Electronics Engineers (IEEE).
35) FTC Chairman D.P. Majoras, Remarks before Standardization and the Law (Sept. 23, 2005).
36) 司法省反トラスト局2015年2月2日レター IEEE.
37) Matsushita Elec. Indus. Co. v. Cinram Int'l, Inc., 299 F. Supp. 2d 370, 372 (D. Del. 2004).
38) 東京高裁2013年11月1日判決（JASRAC審決取消請求事件）裁判所サイト判例情報〈http://www.courts.go.jp/hanrei/pdf/20131211131101.pdf〉。
39) 最高裁2015年4月28日判決（JASRAC審決取消請求事件）、民集第69巻3号518頁。
40) Broadcast Music, Inc. v. CBS, 441 U.S. 1, 20, 24 (1979).
41) 滝川敏明（2014）「ジョイントベンチャーにおける競争者間協調―反トラスト法基準と日本のJASRAC事件」国際商事法務42（9）。
42) 日本経済新聞電子版「エイベックス離脱の衝撃 JASRAC独占に亀裂」(2015年11月4日)。
43) 日本音楽著作権協会（JASRAC）プレスリリース「公正取引委員会に対する審判請求の取下げについて」(2016年9月14日)。

第3章 知財行使による競争者排除と競争法・独禁法

　知的財産権（知財）に関する企業行為に競争法をどのように適用するかについて、前章が「競争者間協調」を扱ったのを受けて、本章では1企業単独での知財行使を取り扱う。単独での企業行為が競争法上の問題を生じるのは、競争相手を排除あるいは妨害（「競争者排除」）する場合である。他方、イノベーションを振興するため政府は、知財権者の権利を定める知財法（特許法、著作権法など）により、無断で知財を使用する他者を排除する権利（排他権）を知財権者に付与している。この知財目的と競争法目的を競争者排除行為の規制において調和させる必要がある。

　競争法は、競争者排除行為自体を違法とはしない。競争者排除行為が支配的企業によって実施され、しかもその行為に不当性が認められる場合に限って違法と認定する。知財法が知財権利者に付与する排他権は絶対的なものではなく、競争法により制約される。この見方は世界貿易機関（WTO）により世界共通となった。WTOが制定（1995年）した知的財産権協定（TRIPS）が、特許権者が排他権を濫用して取引と通商を不当に制限する場合には各加盟国が規制する必要があると宣言している（TRIPS 8条2）。

　ただし、知財制度と競争法は対立するものではなく、双方ともイノベーション振興と消費者利益向上を目的としている。目的が共通なので知財と競争法は補完的に機能する。

1　「競争者排除」規制か「搾取的濫用」規制か

(1)　**「技術導入契約」規制**　　知財行使に対する競争法規制について世間は、特許利用企業（ライセンシー）側の味方となって特許権者を規制する役割を競争（独禁）当局に期待することが少なくない。特に発展途上国においては、特許権者は外国企業であり、自国企業がライセンシーとなって、特許を

「技術導入」する。このため自国ライセンシーを外国の特許権者から保護することが競争当局に期待されやすい。日本の公正取引委員会が実施していた「技術導入契約」届出制度（1997年に廃止）は、この期待に応える独禁法運用であった。

　しかし、競争法は競争を保護するための法律であり、自国企業あるいは中小企業を保護するための法律ではない。特許利用企業を一方的に保護する視点から競争法を運用すれば、特許権者の権利を弱めて、長期的にイノベーションを減退させ、消費者利益を損なう。本来の競争法による「競争者排除行為」規制では、消費者利益のために競争制限を規制する結果として、排除される企業（技術導入契約の場合には自国企業）が保護される。競争法を適用できるためには、知財権利者とライセンシーが競争している必要がある（単なる知財利用者は保護されない）。さらに、特許権者が市場支配力を有していることが、違反認定のための必要条件である（日本を除く）。そのうえ、違反決定のためには、競争者排除行為が不当な性格のものであることの認定を要する。

　(2)　「搾取的濫用」規制　　競争法を採用している各国の中には、単独行為が競争者排除的でなくても、「濫用 abuse」行為とみなすことにより、行為企業を規制する国も存在する。競争者排除には当たらない濫用行為とは「搾取的濫用 exploitative abuse」である。典型的にはEU競争法が、支配的地位を有する企業による「市場支配的地位の濫用」を違法とする（競争法102条）。「市場支配的地位の濫用」は、競争者排除行為すなわち競争者排除としての濫用（exclusionary abuse）のみならず「搾取的濫用」を含んでいる。

　「搾取的濫用」規制では、市場支配的企業がその力を濫用して取引相手（企業顧客あるいは一般消費者）に対し不当に不利な取引条件を課すことを違法な「濫用」とする。この取引相手は競争相手である必要はない。EUにおいて「搾取的濫用」規制は、ほとんどもっぱら不当高価格を規制するために用いられてきた。したがって知財ライセンスについては高額ロイヤルティが搾取的濫用として規制されるのかが特に問題となる。

　しかし、近年では欧州委員会は搾取的濫用規制を控えている。顧客（ライセンシーなど）が不満を抱く取引条件（なかでも高価格・ロイヤルティ額）が不当な搾取なのかについて客観的に判定することがほとんど不可能なためである。ま

た、正当に市場支配力を獲得した企業がその力を行使して利益を上げるのを搾取として規制すれば、企業の成長意欲を奪うとの見方が支持を広げてきたためでもある。「公正価格」・「公正な取引条件」を市場とは別に政府が決定する施策は南米ベネズエラなどで実施されてきているが、市場実態とかけ離れた公定価格のため、食料品などが商店から姿を消す結果を招いている。

　競争法の搾取的濫用規制に対する批判は、特に知財行使の規制について該当する。知財権利者が有利な取引条件を獲得する力は、イノベーション振興のため政府が付与したものである。競争者排除規制とは別に、搾取的濫用規制により知財利用企業を保護すれば、知財制度の目的を危うくする。したがって、米国反トラスト当局（搾取的濫用規制を否定する）のみならずEUの欧州委員会も現在では知財行使に対して搾取的濫用規制は実施していない。

　搾取的濫用規制による自国ライセンシー保護を現在実施しているのは中国の独禁当局である。中国独禁法はEU競争法をモデルとして作成され、「市場支配的地位の濫用」規定もEUから引き継いだ。濫用規制として中国当局は、競争者排除行為のみならず搾取的濫用規制を（現在の欧州委員会とは異なり）実施しており、特に高額ロイヤルティを規制してきている（具体例としてクアルコム事件を次章で説明している）。

　日本の独禁法も搾取的濫用規定を有している。「優越的地位の濫用」規定（独禁法2条9項5号）であり、取引相手側に対する優越的地位を利用して、正常な商慣習に照らして不当な行為を行うことを禁止している（違反企業には課徴金を課す）。この規制では、競争者排除効果を検証せずに、取引相手に与える損害の観点から「不当な行為」を認定する（したがって搾取的濫用規制の性格を有する）。公正取引委員会はこれまで、価格以外の取引条件（協賛金、手伝い店員派遣など）を優越的地位濫用と認定してきている。ただし、知財に関係する行為には優越的地位の濫用規定を適用したことがない。知財行使に対する搾取的濫用規制は知財制度の目的を損ない、イノベーション意欲を減退させる。知財行使に対しては公取委が今後も優越的地位濫用規制を控えることが望まれる。

2　知財に認められた排他権と競争者排除行為規制

知財法（中でも特許法）は、他者の知財利用を排除する権利（排他権）を知財権者に付与している。知財法が認める排他権自体を競争法は否定しない。しかし、排他権を濫用して競争者を排除する行為には競争法が適用される。

(1)　**競争当局のガイドライン**　米国反トラスト当局（司法省反トラスト局と連邦取引委員会）の知財ガイドライン（2017年改正）1)は、知財と反トラスト法適用のバランスについて次の２つの基本原則を規定している。

① 　知財を財産権の１つとして扱う。知財に対する反トラスト法の取り扱いは、一般の財産権に対する場合と共通である。

② 　知財が目的とするイノベーション振興を、反トラスト法適用の際に実施するバランス判断の要素に組み込む。

要するに、知財による排他権を絶対視しないが、イノベーション振興のため、知財制度の趣旨を尊重して反トラスト法適用を行うという見方である。この視点は米国で最初に確立したものであるが、EUそして日本も基本的に同じ視点により競争法を運用している。

日本では、知財の行使を独禁法適用から除外する旨の法規定が独禁法中に設けられている――「[独禁法]の規定は、著作権法、特許法、実用新案法、意匠法又は商標法による権利の行使と認められる行為にはこれを適用しない」（独禁法21条）。しかし、物財の財産権と知的財産権の比較からも、知財による排他権の行使すべてを独禁法適用から除外するのは妥当ではない。独禁法21条は廃止が望ましいが、存続している間は合理的な解釈をする必要がある。この解釈として公正取引委員会は、知財の排他権を絶対視しない方針を次のように表明した（2007年「知的財産の利用に関する独占禁止法上の指針、以下、「知財指針」）。

「技術に権利を有する者が、他の者にその技術を利用させないようにする行為及び利用できる範囲を限定する行為は、外形上、権利の行使とみられるが、これらの行為についても、実質的に権利の行使とは評価できない場合は、同じく独占禁止法の規定が適用される。すなわち、…事業者に創意工夫を発揮させ、技術の活用を図るという、知的財産制度の趣旨を逸脱し、又は同制度の目的に反すると認められる場合は、…独

占禁止法が適用される」(注：知的財産基本法第10条「知的財産の保護及び活用に関する施策を推進するに当たっては、その公正な利用及び公共の利益の確保に留意するとともに、公正かつ自由な競争の促進が図られるよう配慮する」)。

知財の排他権を競争法が制約することは、米国EU日本の競争当局に共通する視点である。ただし、知財が認める排他権と競争法適用を具体的にどのようにバランスするかについては、国そして論者によって見方が分かれている。「特許保護を強化してイノベーションのインセンティヴを高めるべきとする論者と、特許保護を狭く設定して競争法を広く適用すべきとする論者間に深い溝が横たわっている」[2]。

(2)「パテントスコープ」論　米国では特許権行使と反トラスト法の関係について、特許権範囲（パテントスコープ）内の行為であれば反トラスト法違反とはならないと伝統的に考えられてきた（パテントスコープ論）。イノベーション意欲を保護する政策目的から設けられた特許権を反トラスト法においても尊重しなければならないとする見方からである。

司法省反トラスト局と連邦取引委員会（FTC）共同の知財ガイドラインは、「イノベーション振興と消費者利益増大」という目的を知財制度と反トラスト法は共有すると宣言し、知財権を尊重する姿勢を示している。パテントスコープ内の制限行為を合法とする点についてガイドラインはパテントスコープ論を基本的に遵守している。その現れとして、垂直的制限（非競争者間の取決め）の中で用途制限と地域制限を「知財権を用途別と地域別に分割しているにすぎない」との見方から合法としている[3]。

特許権の単独行使が反トラスト法に抵触するのは、米国では極めて例外的場合に限定される。しかし、この見方（パテントスコープ論）は、競争法と知財権との関係についてグローバルな普遍性を有する見方ではない。特許権の範囲は競争政策上の考慮から縮減されるとする見方が可能だからである。

この見方の実例として、EUの欧州委員会（欧州委）はパテントスコープ論を採用していない。欧州委は、知財ライセンスにおける垂直的制限は、知財権者の「技術内競争制限」（地域制限など、競争者排除型ではない制限）であっても当然合法とはしていない。垂直的制限に共通の基準を適用した上で、知財制度の趣旨を考慮したバランス判断を欧州委は実施している。この結果、地域制限

と用途制限は原則違法（ハードコア型制限）とした上で例外を設けている[4]。

　(3)　**米国最高裁アクタビス判決**　　米国で定着したと思われたパテントスコープ論を否定する見解を米国最高裁は2013年判決で表明した。最高裁（5対4に別れた中の多数意見）は、特許範囲に含まれる権利行使は当然合法であるとするこれまでの伝統的見方を否定した。

　この最高裁判決は、連邦取引委員会（FTC）対アクタビス判決[5]であり、特許を有するブランド医薬品メーカーとジェネリック（後発）医薬品メーカーが「リバースペイメント Reverse Payment」を合意したことが反トラスト法違反の競争者間協調に該当するのかが争われた。「リバースペイメント（逆支払い）」とは、ジェネリック医薬品の発売日を遅らせることを和解により合意してもらう見返りとして、ブランド医薬品メーカー（特許権者）がジェネリックメーカーに金銭を（本来ロイヤルティを徴収する立場であるにもかかわらず、逆に）支払うことを指す。

　判決の直接争点は、リバースペイメントを取り決める和解が競争者間協調として反トラスト法に違反するか否かについてである。違法論として、新規参入を遅らせるための競争者間協調は明らかに反競争的であり、しかも、リバースペイメント方式は正当性が認められる和解ではないので、反トラスト法に当然に違反する。他方、合法論は、費用と時間のかかる特許無効確認訴訟を避ける利点が和解にはあることを強調する。

　この議論の背景として、ブランド医薬品の特許権が期限切れする以前にジェネリック医薬品が発売される現象がある。このジェネリック発売に対してブランド医薬品メーカーは、当然、特許侵害訴訟（差止請求と損害賠償請求）を提起する。しかし、特許侵害の訴えに対する反訴としてジェネリック医薬品メーカー側は、ブランド医薬品の特許無効を主張する。特許商標庁が認可した特許のかなりの割合は、特許無効を主張する訴訟（特許無効確認訴訟）において無効と判定されてきている。したがってジェネリックに対しブランド医薬品メーカーが提起する特許侵害訴訟において、裁判所が特許侵害を認定するか否かは不確定である。

　この不確定性を解消するため、ブランド医薬品メーカーがジェネリック側に和解を持ちかける。かなりの額の金銭を受け取る見返りとして、ジェネリック

側が販売開始を遅らせる。この和解成立に伴い、特許侵害訴訟及び特許無効確認訴訟は共に取り下げられる。この和解を反トラスト法上合法であるとする論者は、特許侵害を裁判所が支持するかについての不確実性を取り除くための和解には合理性があるとする。

この直接争点に対する回答として最高裁は、リバースペイメントを伴う場合には、和解は反トラスト違反を否定する切り札とはならないとした。ただし、リバースペイメントを伴う和解は、当然違法あるいはそれに準じる「一瞥テスト（当然違法の協調か否かについての簡略審査）」対象にすべきとのFTC側主張をしりぞけ、全面的な合理の原則により審査しなければならないとした（個別事件についての合理の原則審査は下級審に委ねた）。下級審によるリバースペイメント事件審査では、合理の原則における立証責任を原告・被告に配分する基準が争われてきている。

リバースペイメントに対する判示に伴って、最高裁はパテントスコープ論を否定する見方を表明した。最高裁判決に先立つ控訴裁は、本件争点を特許の合法的排他権の「範囲（スコープ）」内に和解合意が含まれるかであるとした。この控訴裁見解（最高裁少数意見が支持）を多数意見は否定し、「『パテントによる独占権の範囲』内として反トラスト法が免責されるか否かの決定は、特許政策と反トラスト政策の双方によって判断される[6]」とした。したがって、特許による独占権の範囲内に対象行為が収まるか否かは、「検討の始点［その後の反トラスト法上の検討を要しない］」（ロバーツ長官をはじめとする判決少数意見）ではなく、反トラスト法上の論点を検討した後の結論として導かれる[7]。

この最高裁多数意見は、パテントスコープが反トラスト政策の観点から縮減され得ることを示している。特許権行使に対する反トラスト法適用の検討を入り口で、パテントスコープ範囲内であるとして門前払いすることがなくなる。知財権を競争政策により調整することになり、これは知財と競争法の関係についての欧州委員会及びEU裁判所見解と共通する。

ただし、特許権の正当な行使としてどの程度広い範囲の行為を競争法上合法とするのかは、パテントスコープ論の問題ではなく、競争法上の政策問題である。米国反トラスト当局は、アクタビス最高裁判決後に公表した改正知財ガイドライン（2017年1月）において、反トラスト法上違法とする知財行使の範囲

を拡大することはしなかった。典型的には、知財ライセンス上の地域・用途の垂直的制限を全面合法とする見方を維持した。

3 競争者排除行為の規制基準

　知財を利用する競争者排除行為に対する競争法適用を理解する前提として、競争者排除行為一般に対する競争法（反トラスト法・EU競争法・日本の独禁法）基準を理解する必要がある。競争法は企業による競争制限行為を規制する法律である。企業の競争制限行為を競争法は①競争者間協調（合併は別扱い）、②競争者排除に大別する。

　前章で説明した競争者間協調と対比される「競争者排除 exclusionary conduct」とは、単独企業が競争相手を妨害して、相手の勢力を弱める行為（市場からの完全排除に至らない程度の打撃も含む）である。他方、知財の本質は排他権である。知財を利用する競争者排除行為に対しては、知財権と競争法規制を調整する必要がある。

　企業の競争行動は、ライバル企業に対し優位に立つための活動なので、競争行動全般が競争者排除の性格を有する。廉売、専売店制、抱合せ販売などがその例である。競争相手を苦しめるものであっても、競争者排除は消費者利益を増進する場合の方が多い。競争法の目的は競争者を保護することではなく、消費者利益を増進させることである。競争者排除（単独企業によるもの）に対する競争法規制については、競争者間協調に対する場合とは異なった視点からの規制が求められ、規制が過剰にならないように配慮しなければならない。この配慮中に知財に付与されている排他権の尊重を組み入れる。

　(1)　**市場支配力と不当性の2段階判定**　競争者排除行為（単独行為）に対して反トラスト法とEU競争法の基本基準はほぼ共通している。この共通基準を中国等の諸国も採用することにより、競争者排除行為に対するグローバルな共通基準が成立している（日本の不公正な取引方法規制はこの例外）。ただし細部までの共通化は今後の課題である。このグローバル基準では、競争当局は2段階スクリーンを通過した競争者排除行為を違法と決定する。

　(イ)　**市場支配力の判定**　2段階スクリーン中の第1段階は、行為企業が

「市場支配力 market power」を有しているかについての判定である。市場支配力とは、企業が単独あるいは協調して、競争レベルよりも価格を引き上げる力（5％程度を実質的期間）を指す。単独行為（競争者排除行為）の場合は、企業が市場シェアを60％程度以上有していることが通常は必要である。市場支配力を有していない企業は、競争者排除行為規制の対象とはしない。[8]

市場支配力を規制要件とするのは、競争者排除行為は企業間の対抗行為そのものなので、競争者間協調とは異なり、規制対象を限定する必要があるためであ

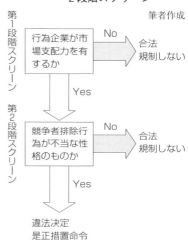

図表 3-1　競争者排除行為に対する2段階スクリーン

筆者作成

る。行為企業が市場支配力を有していなければ、消費者には購入先の選択肢が開かれている。この場合、企業の対抗関係に競争当局は介入すべきではない。

特許権者は特許技術・製品を独占する権利を付与されるものの、市場支配力を常に獲得するわけではない。特許技術・製品に有効に対抗する技術・製品が別に存在すれば、特許権者は市場支配力を獲得しない。この場合、特許権者による競争者排除行為を競争当局は規制しない。

ただし日本の公正取引委員会（公取委）は規制対象を市場支配的企業に限定しない。これは独禁法において競争者排除行為規制が①「独占行為（私的独占）」規制、②不公正な取引方法規制のどちらによっても実施できるためである。前者の独占行為規制（独禁法2条5項「私的独占」）は上記グローバル基準と同じである。しかし不公正な取引方法規制（独禁法2条9項）によれば、上記第1段階審査における「市場支配力」認定を要しない。行為企業が「公正な競争を阻害するおそれ」を及ぼすことの認定だけで規制できる。

不公正な取引方法規制において、行為の種類によっては公取委が「有力事業者性」を規制要件とする場合もある。しかし市場支配力のように客観的な基準ではない。不公正な取引方法規制によれば、特許権者が市場支配力を有してい

なくても、規制対象となる。ただし、違法決定のために不当性に関する第2段階目のスクリーンを通過しなければならないことは、不公正な取引方法規制においてもグローバル基準と同じである。

(ロ) **競争者排除行為の不当性判定** 市場支配力を有していると認定されたことにより第1段階スクリーンを通過した場合に、第2段階審査に進む。市場支配的企業の行為により競争相手が市場から排除された場合であっても、その競争者排除行為が正当な競争行為である場合には違法とはしない。競争者排除行為には多様な種類があるので、その種類ごとに米国・EU・日本の競争当局が不当行為の認定基準を形成してきている。

2段階のスクリーンを通過して違法を決定した企業に対し、競争当局は是正命令（独禁法上の用語は「排除措置命令」）を発する。罰則（罰金あるいは懲役刑）については、米国反トラスト当局の場合は課さない。競争者排除行為は（カルテルとは異なり）法律違反を企業と企業幹部が行為の事前に自覚できない行為なので、罰則を課すべきではないと考えるためである。

米国当局の見解とは異なり、EUの欧州委員会は競争者排除行為の違反企業に制裁金を課す（中国の独禁当局も同じ）。違反の悪質性に応じて制裁金額を加減する。ただし、当局と対象企業間の「和解 settlement」（EU用語では「コミットメント」）により事件を解決する場合には制裁金を課さない。日本の公取委の場合には複雑な方式になっている。競争者排除行為に対し、「私的独占」規定違反の場合には制裁金（独禁法用語は「課徴金」）を誤す。「不公正な取引方法」規定違反の場合には、排除行為の性格を有する行為に対してほとんどの場合には課徴金を課さない（優越的地位の濫用には課徴金を課す）。

(2) **不当性判定についての国際的差異** 競争者排除行為に対する第1段階審査（市場支配力の認定）については主要先進国で共通見解（日本の不公正な取引方法規制を除く）が成立した。しかし、競争者排除行為の不当性判定についての第2段階審査は各国ごとに質的な差異が存在する。不当行為の範囲を最も狭く限定するのが米国当局であり、EUは、不当行為の範囲をより拡大している。日本そして中国はEUにも増して、当局が不当と認定する競争者排除行為の範囲が広い。

(イ) **米　国**――消費者利益観点からの総合判断　ハイテク業界の有力企業（マ

イクロソフト、インテル、グーグル、アップルなど）は、その地位を維持・強化するために戦略的な投資・販売戦略を展開している。これらの競争戦略は競争者排除効果を発揮するが、同時に経済効率を向上する効果も発揮する。近年の裁判所及び反トラスト当局は、市場支配的企業の競争戦略に対する競争者排除行為規制において、排除効果と効率向上効果を総合的に判定して不当性を判定してきている。

競争者排除行為の不当性認定について積極論と消極論があり、反トラスト当局と裁判所の立場も揺れ動いてきた。支配的地位を確立したグーグルのような企業の独占性を永続的と見る論者は、反トラスト法による介入に積極的立場をとる。これに対し、一見強固に見える地位も変化の激しいハイテク・IT産業においては永続しないと見る論者は、反トラスト法による介入を控えるべきとする。

第三次マイクロソフト訴訟（連邦政府と多数の州政府が1998年に提訴した訴訟）においては、OS（ウインドウズなど、PC操作基本ソフト）市場の独占維持およびインターネット・ブラウザー市場の独占獲得のためにマイクロソフトが用いた多様な競争者排除的行為が、反トラスト法に違反するかが争われた。本事件についての控訴裁判所の判断方法に、消費者利益目的から総合的判断（「合理の原則」）を実施する方法が典型的に表れている。マイクロソフト事件後のグーグル等に対する事件においても、反トラスト当局と裁判所は、マイクロソフト判決が採用した総合判断の方法を採用してきている。

マイクロソフトによる競争者排除的行為が違法であると地裁判決は認定し、上訴を審理した控訴裁判決[9]も地裁判決を支持した。OS市場におけるウインドウズの独占的地位が、新プラットフォーム（ネットスケープ製ブラウザーとJavaの組み合わせ）により置き換えられることを恐れて、マイクロソフトは様々の競争者排除的行為を行っていた（ネットスケープ製ブラウザーを搭載するPCメーカーとの取引拒絶など）。マイクロソフトが採用した行為は、攻撃的競争行動として正当化される範囲を大幅に超える。イノベーションが鍵を握る先端ハイテク・情報産業においても、独占的企業による攻撃的な競争行動が不当に競争者を排除するものであれば、違法を認定することを裁判所が明確にした。

その反面で控訴裁判所は、マイクロソフトの違法性が問われたもう１つの事

項である「抱合せ」行為（ウインドウズにブラウザーを組み込んだ行為）に対しては、競争者排除行為の不当性認定幅を狭める見方を示した。ウインドウズやブラウザーなどのソフトウエアは技術的に複雑な製品であり、品質管理とイノベーションが重要である。抱合せがそのために重要な役割を果たすかもしれないので、消費者利便の観点から、抱合せを不当視できない。[10]

(ロ)　EU——競争者排除効果の重視　EUの欧州委員会（欧州委）による競争者排除行為の規制は、米国での基準に近づいてきたものの、競争者排除効果の方を消費者利益よりも重視する傾向がある。この傾向を米国の論者（反トラスト当局幹部を含む）は批判してきた。

　この批判に応じる改善策として、欧州委は2009年に競争者排除行為を対象とする「102条ガイダンス」（C（2009）864）を発表し、消費者利益保護が競争法の目的であり、競争者を保護することを目的とはしないと明言した（paras 6-7）。競争者排除行為の規制目的を消費者利益の実現とすることにおいて米国とEU競争当局の姿勢が共通化したことになる。しかし、実際の事件処理においては、米国反トラスト当局に比べて欧州委の方が消費者利益よりも競争者保護を重視する傾向は継続している。

　そのうえ、EU裁判所（「欧州裁判所」及び下級審の「一般裁判所」）は欧州委にも増して、排除される競争相手を保護する姿勢を示してきている。典型事例として、一般裁判所2014年インテル判決[11]は、インテルが実施したリベート策が競争相手を排除していることが明らかであると表明した。この見方から、消費者利益（リベートが実質的に値下げ販売であることによる利益）を考慮することなく、インテルによる違法行為を認定した。この見方は消費者利益を重視する米国見解とは対立する。

(ハ)　グーグル事件　消費者利益と競争者保護のどちらを重視するかについての米国EU間の見解差異が、2014年以降進行中のグーグル事件でも表面化している。グーグルが採用する検索表示方式が競争者非除的であるとして、競争相手（トラベルサイトのエクスペディアなど）が欧州委に申告し、欧州委が審査を継続中（2017年1月時点）である。

　ネット検索結果の表示においてグーグルは、自社系列のトラベルサイトあるいはショッピングサイトを、競争相手（エクスペディア、ショッピングサイトのア

マゾンなど）を差し置いて、検索結果の最上位に来るようにしている。これが不当な競争者排除行為であるとして、グーグルの競争相手が米国と EU 双方の競争当局に持ち込んだ。米国当局は、グーグル検索方法に競争者排除効果は認められるものの、検索表示が改善され、消費者にとって役立つサービスを提供している利点のほうが大きいとして、基本的に合法とした[12]。

しかし、米国当局とは異なり欧州委は、競争者排除効果に重点を置いた見方からグーグルに批判的な姿勢を示しており、審査手続を継続している。欧州委はさらに、携帯用 OS としてアンドロイド（グーグル製 OS）を採用する携帯会社がグーグルとの契約により、グーグルの諸アプリを携帯に搭載するように義務付けられているため、対抗アプリが排除されている点についても調査中である（2017年1月時点）。

4　知財ライセンス拒絶と競争法

競争者排除行為の不当性判定基準は行為種類ごとに異なる。知財に関して特に重要性を有する競争者排除行為として、本節では「取引拒絶」について説明する（次いで重要な「抱合せ」について次節で説明する）。

知財権者による取引拒絶は「ライセンス拒絶」の形を採る。知財権者は知財自体を売却するのではなく、知財利用を他社に許諾（つまり「ライセンス」）し、許諾対価（ロイヤルティ）を得ることから利益を得るのが通常である。知財の取引拒絶とはライセンス拒絶を意味する。知財ライセンス拒絶を競争法違反と認定すれば、競争当局が知財権者に対しライセンス提供を強制的に命令することになる。

知財権者が知財利用を許諾（ライセンス）することを他企業に拒絶すれば、他企業が製造・販売に乗り出せなくなるので、競争者排除効果が生じる。米国・EU・日本のいずれの競争当局も、知財の排他権を尊重はするものの、ライセンス拒絶に競争法違反を認定する場合がある。知財に付与されている排他権を神聖視しないことが米国・EU・日本の競争法に共通する。

(1) 通常の取引拒絶と知財ライセンス拒絶　　知財に限らず財産権は尊重しなければならない。所有者（財産権者）は所有財産を他者に販売する（あるいは

有償で利用させる）のを拒絶できることが基本である。ただし例外的状況においては、ライセンス拒絶を不当な競争者排除行為として競争法違反を認定すべき場合がある。この場合には是正措置として競争当局が知財権者に強制ライセンスを命令する。

この例外状況の認定基準について、知財を通常の財産権（物財に対する所有権）よりも尊重すべきなのかが論議されてきている。物財に対する保護と同等の保護を知財に与えるのか、それとも保護程度を強めるのかあるいは弱めるのか。この見方によって知財ライセンス拒絶に対する競争法基準が左右される。この見方については、米国反トラスト当局の知財ガイドラインが「知財を通常の財産権と同等に扱う」と述べているように、同等に扱うのが基本である。

同等尊重論に反対する見解として、イノベーション意欲を振興する必要があるので、物財に対するよりも強化した保護を知財に与えるべきとの見解が表明されてきている。しかしこれとは反対の見解も近年には表明されている。イノベーションのアイデアは情報であり、情報は自由に拡散するのが本来の姿なので、知財の財産権は物財よりも弱めなければならない[13]。両者の見方をバランスすれば、知財を物財の財産権と同等に扱う米国知財ガイドラインの見方に妥当性が認められる。

知財は特許だけではない。各種の知財法が定める排他権の範囲と強度には差がある。この中で特許による排他権が最も強力である。物財と同等程度の権利が与えられているのは、知財の中で特許だけである。この特許においても、排他権はクレーム（明細書記載）の範囲に限定され、そのうえ消尽論により排他権が制約される（第1章参照）。

(2) **取引拒絶が競争法に違反する場合**　取引拒絶の中で、複数企業が共同で拒絶する場合（共同取引拒絶あるいは共同ボイコット）は、複数競争者が協調して共通の競争相手を排除するものであり、ハードコアカルテルに準ずる強い違法性が認められる。そして、特許制度が特許権者に付与する排他権は、特許権者が他者の特許利用を単独で拒絶する権利である。複数の特許権者が共同して競争相手にライセンス拒絶する行為は特許権により保護されない。ライセンス共同拒絶に対しては、競争法の共同ボイコットに対する規制基準を素直に適用するだけであり、特許権への配慮は不要である。

競争法適用において、取引拒絶（単独企業によるもの）は２種類に区分される。第一は、競争法違反の行為の実効性を確保する手段として、取引拒絶を用いるものである。例えば、メーカーが販売店に製造物を販売した後に、その再販価格（小売価格）を指定すること（再販売価格維持）は、日本独禁法そしてEU競争法において原則違法である。メーカーは、小売店に再販売価格を守らせるため、指定価格より安く売る店に対し商品納入を拒絶する。この販売拒絶（取引拒絶）は、違法な再販売価格維持の実行手段として用いられている。取引拒絶は、再販売価格維持の違反状態を取り除くための是正命令（「排除措置命令」）により、禁止される。このように、競争法違反行為（取引拒絶以外）の実効性を確保する手段として用いられる取引拒絶については、行為企業が有する財産権（知的財産権を含む）により正当化されることはない。

　特許の場合も物財の財産権の場合と論理は同じである。例えば、ソニーはPC記録媒体の「メモリースティック」に特許を有している。しかし、ソニーがメモリースティックの再販売価格維持をするために安売り量販店との取引を停止すれば、独禁法違反である。特許権による排他権をソニーが有しているからといって、再販売価格維持を守らない安売り店に対する取引拒絶が独禁法違反をまぬがれるわけではない。

　第二は、所有者（財産権者）による取引拒絶が、それ自体で競争者を排除する効果を発揮する場合である。例えば、ウインドウズを利用するためのライセンスをマイクロソフトがジャストシステムに拒絶すれば、ジャストシステムはウインドウズ上で機能するワープロソフト（一太郎）を販売できなくなる。ワープロソフト市場をマイクロソフトのワードが独占することになる。この「純粋取引拒絶」について、競争法規制と特許権尊重のバランスを図る必要が生じる。

　上記第二の場合、単独行為による競争者排除は、市場支配的な力を有する有力事業者が行う場合でなければ合法である（日本独禁法の不公正な取引方法規制はこの例外である）。さらに、市場支配力を有する場合であっても、物財と知財共通に、所有者の財産権（その本質としての排他権）を尊重する必要がある。単独での取引拒絶（特許権者の場合はライセンス拒絶）は、財産権（所有権）尊重の観点から通常は合法とみなされる。しかし、ウインドウズのライセンス拒絶の例

図表3-2　川上市場の独占企業によるライセンス拒絶と川下市場での競争者排除

筆者作成

のように、重大な排他効果を生じる場合には、財産権尊重と競争維持のバランス判断として、取引拒絶（ライセンス拒絶）に競争法違反を認定することに妥当性がある。

マイクロソフトによるウインドウズの取引拒絶（ライセンス拒絶）に対しては競争法違反を認定することが妥当としても、ライセンス拒絶の多様な状況に応じて、競争法違反の有無をどのように判定するかについて、米国・EU・日本で論争が展開されてきている。判例などで示されている有力説として次の2つの見方がある。①取引拒絶により短期的には損失をこうむるのにかかわらず、競争者排除により長期的な利益を得ようとしていると見られる場合には違法を推定する。②競争者排除による国民経済上の損失と、財産権尊重による国民経済上の利益（イノベーション意欲の向上など）を総合判断して、損失の方が大きい場合には競争法違反を推定する。2つの見方のいずれについても、競争法違反は推定にとどまり、財産権者は取引拒絶の正当性を抗弁できる。

どちらの見方によるにしても、イノベーション意欲を確保するため、知財に付与される排他権は重視する必要がある。純粋ライセンス拒絶に違法を認定するのは例外的な場合に限定しなければならない。この例外的場合の認定が行われやすいのは、市場が川上と川下の2つに分かれており、川上市場の支配的企業が、川下市場における競争相手に取引拒絶（川下市場へのインプットの提供拒絶）を行い、それにより川下市場に独占を拡大しようとする場合である。マイクロソフトがウインドウズ（川上市場）利用を応用ソフト（下流市場）会社に拒絶する場合がこれに該当する（図表3-2）。知財が重要な役割を果たすIT製品においては、川上・川下状況は、主製品とそれに対して補完的役割をはたす別の製品間の動作互換性（interface compatibility）の提供を主製品のメーカーが拒絶する場合に発生する。米国反トラスト法とEU競争法により純粋取引拒絶が違法と認定された事例のほとんどは川上・川下状況についてである。

(3) **競争法適用による「強制ライセンス」命令**　ライセンス拒絶を競争法違反と認定した場合には、是正命令として、競争当局は特許権者にライセンス提供を命令する。競争法適用を通じて「強制ライセンス compulsory license」が実現する。

政府が公益実現のため特許権者にライセンス提供を命じること（強制ライセンス）は、米国を除く多数の国（日本と欧州を含む）が特許法に規定している。ただし特許法による強制ライセンスの実施例は乏しい。生命保護目的からエイズ薬の強制ライセンスを途上国政府が先進国の製薬会社に命じた例が目立つにとどまる。

日本の特許法において強制ライセンス命令は「強制実施権の裁定」であり、「公共の利益のため特に必要であるとき」に政府が特許権者に命令できる[15]。しかし、特許法による強制ライセンス（裁定）は実施例が皆無である。特許法の強制ライセンスは発動要件があいまいなので、役人の裁量的判断により知財権が弱められることを米国政府が批判してきている。1994年日米合意（日米包括経済協議・知的所有権作業部会）により、反競争的効果に対応する場合（つまり独禁法による強制ライセンス）以外には、裁定は実施しないことを日本側が約束した。この特許法による強制ライセンスに比べて、競争法違反認定に伴う競争当局からの是正命令としての強制ライセンスには、競争法基準に基づく正当性がある。

(4) **ライセンス拒絶と米国反トラスト法**　米国では反トラスト当局と裁判所が、特許が認める排他権と反トラスト法による競争保護目的をバランスさせる基準を形成した。反トラスト当局は一般的に、知財権者単独でのライセンス拒絶を違法とは認定しない（2017年改正知財ガイドライン2.1）。

(イ)　**コダック判決──バランス判断による競争法違反認定**　控訴裁コダック判決[16]は、特許の排他権尊重と競争法による競争保護のバランス判断において、特許利用の拒絶による排他効果が極めて大きく、反面で特許の排他権を根拠とする取引拒絶正当化の主張に説得性がなかったため、反トラスト法違反を裁判所が認定した判決である（図表3-3、1Aに該当）。

コダック社は高級コピー機を販売するとともに、その修理事業も行っていた。しかし独立修理業者が進出してきたため、修理事業からの収益が激減し

図表 3-3　知財ライセンス拒絶と反トラスト法

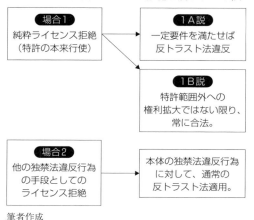

筆者作成

た。対策としてコダックは、独立修理業者に対するコダック製純正部品の販売を停止した。コピー機のコダック製部品にコダックは特許を有していた。この販売拒絶が不当な競争者排除行為（独占行為）にあたるとして、独立修理業者が提訴した。

コダック製部品を入手できないため、独立修理業者はコダック製コピー機の修理市場から撤退を余儀なくされる。このため修理事業をコダックが独占する。裁判所は、特許製品の販売拒絶には合法が推定されるとしたものの、本件の取引拒絶は、競争相手を排除する意図からなされており、実際にも強い排他効果があるとの認定から、合法推定を覆して、コダックの取引拒絶を違法とした。

本件の場合、取引拒絶により競争者を排除するという効果が事件を支配しており、部品の特許権はほとんど付随的な事実にすぎない。コダック自身が、特許による排他権を当初は主張しておらず、裁判の終盤に主張しはじめた。このような状況においては、特許が認める排他権は競争法違反を否定する効力を持たないことを本事件は示している。[17]

㈣　インテル事件──バランス判断の微妙な事件　個別事件の状況によっては、知財による排他権の主張に強い合理性があり、ライセンス拒絶がもたらす排他効果の弊害を上回ると考えられる場合がある。インテル事件（1999年）は、このバランス判断が微妙な場合の好例である（図表 3-3、1 Aに該当）。

インテル製マイクロプロセッサー（ペンティアム）は90％以上のシェアを有しており、事実上の業界標準となっている。対抗する半導体メーカーは、ペンティアム互換性を維持する製品を開発しなければユーザーに受け入れられない。対抗メーカーの1つであるインタグラフ社は、インテルからペンティアム技術情報のライセンスを受け、プロセッサーの技術改良を行っていた。このイ

ンタグラフを含む複数ライセンシーに対しインテルは、改良技術を無償（ロイヤルティ・フリー）でインテルに提供すること（「グラントバック」）を契約で義務付けていた。

インタグラフは、インテルのペンティアムがインタグラフの改良技術特許を侵害したとして、特許侵害訴訟をおこした。これに対しインテルは、インタグラフへのペンティアム特許ライセンスを停止した。これに対し連邦取引委員会（FTC）は、インテルによるライセンス停止は不当な競争者排除行為のおそれが強いとして、審判を開始した。審判開始決定書によれば、インテルによるライセンス停止（技術情報などの提供拒絶を内容とする）は、正当で競争的な目的を達成するための必要性からなされたとは合理化できない（para 30）。このようなインテルの拒絶行為は、新マイクロプロセッサーを開発しようとする業界の意欲を削ぐ効果を有する（para 39）。

FTCとインテルは和解し、同意命令により事件は解決した。[18] 同意命令は当局と企業側の和解による是正措置なので、インテルの反トラスト法違反をFTCが決定したわけではない。同意命令がインテルに義務付けるのは是正措置の実行に限定される。この是正措置の一環として、特許侵害訴訟を起こしたライセンシーにライセンスを拒絶しないことをインテルは義務付けられた。ただし、正当なビジネス上の理由がある場合にライセンスを拒絶する権利はインテルに保証している。インテルの知財にかなりの配慮をしている和解措置なので、知財に付与された排他権と競争維持の要請をFTCが慎重にバランスした内容となっている。

本件ライセンス拒絶の反トラスト法違反の判定が微妙であることを示すものとして、同じ事件に連邦巡回区控訴裁判所（知財専門のCAFC）は、FTCとは異なり、インテルを支持する判断を下した（FTC事件とは別に民事訴訟としてインタグラフがインテルを提訴した事件）。CAFCは知財に関する控訴を専属的に扱う裁判所であり、知財の排他権を尊重する方向の判決を出す傾向がある。CAFCは2つの理由からインテルの反トラスト法違反を否定した。[19] ①インタグラフはインテルの顧客にすぎず、インテルの競争相手ではないので、インテルが競争者排除行為を行ったとは認められない。②ライセンス対象特許に対する特許無効確認訴訟を起こしたライセンシーにライセンサーがライセンス供与

を停止するのには正当性がある。

　上記①の事実認定については、CAFCよりもFTCの方に説得性がある。FTCの審判開始決定書が示唆しているように、新世代プロセッサー開発において、インタグラフはインテルの競争相手として現れる可能性がある。インテルがインタグラフにグラントバック契約を結ばせたのは、この競争の脅威を除くことがねらいであると考えられる。

　後者②には、CAFC説明にかなりの説得性がある。単独の取引拒絶については、企業自由を尊重しなければならないので、自社を訴訟で訴えてきた企業との取引を停止することの正当性は極めて高いからである。しかし、FTC同意命令は、特許侵害訴訟を提起したインタグラフに対するライセンス停止だけを対象とするものではない。インテルがライセンシーにロイヤルティ・フリーのグラントバックを義務付け、それに加えて、特許侵害訴訟を起こすライセンシーとの取引を停止するという一連の行為をFTCは問題にした。FTCが指摘するとおり、一連の行為はライセンシーによるイノベーション意欲を削ぐ点で反競争効果が強いので、インテルを反トラスト法違反と認定することが妥当と考えられる。

　(ハ) CAFCゼロックス判決──純粋ライセンス拒絶の当然合法論　前記のとおり、米国の論説・判例そして反トラスト当局の知財ガイドラインにおいては、知財と物財の財産権を同等に扱う見方が主流である。しかし、知財の財産権（つまり排他権）を物財の財産権よりも尊重すべきとする見方も存在する。この見方では、特許の排他権範囲（「パテントスコープ」）内における単独でのライセンス拒絶（他の違反行為の手段である場合を除く）は、排他効果があっても常に合法である（**図表3-3**、1Bに該当）。これは知財関係者に一般的な見方であり、代表は米国CAFCである。

　ゼロックス事件は上記のコダック事件と実質的に同じ状況の事件である。ゼロックスが、独立修理業者（修理ビジネスにおいてゼロックスと競争する）に部品供給を拒絶した。CAFCは、知財による排他権を絶対視する見方から、知財ライセンス拒絶（単独行為）を反トラスト法において当然合法とする見方を表明した。

　CAFCゼロックス判決は[20]、上記コダック判決の見方とは異なり、ゼロック

スが部品に特許を有しているので、部品の販売拒絶は反トラスト法違反とはならないと判決した。CAFC によれば、特許が正当に取得されたものである限り、その取引拒絶（ライセンス拒絶）が反トラスト法に違反するのは、「特許権の範囲外の市場に独占を拡大する」場合に限定される。

この CAFC 判決には反トラスト法学者の大勢が反対している。通常の財産権には認めない絶対的な排他権を知財だけに認める理由が存在しないとする見方からである。CAFC の見方によれば、物財（例えば修理部品）の取引拒絶が強い反競争効果をもたらす場合であっても、知財を付与された材料が含まれているだけで、反トラスト法違反をまぬがれてしまう。CAFC は知財強化に偏向しており、競争政策を軽視しすぎると反トラスト法学者が批判している。既述の最高裁アクタビス判決（2013年）はパテントスコープ論を否定したので、今後の CAFC を拘束すると考えられる。

ただし、「特許権範囲外の市場に独占を拡大する」場合には、競争法違反をまぬがれないと CAFC は表明している。特許権範囲外の認定を広げることにより、ゼロックス判決の見方（パテントスコープ論に該当する）を採用したとしても、知財の排他権行使に競争法違反を認定できる場合は存在する。

　(二)　マイクロソフト判決——手段としてのライセンス拒絶の反トラスト法違反
米国控訴裁マイクロソフト判決[21]において、マイクロソフト（以下「MS」）は、反トラスト法違反（独占行為）該当の様々な競争者排除的行為を実施する「手段」として、知財ライセンス拒絶を用いた。したがって「純粋ライセンス拒絶」ではなく、手段としてのライセンス拒絶である（図表3-3、場合2に該当）。控訴裁は MS の反トラスト法違反を認定し、知財による排他権の行使として競争制限行為を正当化することを否定した。

ウインドウズを擁する MS はパソコン（PC）の基本ソフト（OS）市場では市場を独占している。しかし、ブラウザー市場では事件当時、MS ではなくネットスケープが支配的企業であった。PC メーカー（OEM と呼ばれる）は、自社製 PC に基本ソフト（ウインドウズ）と共にブラウザーを組み込んで、販売する。OEM は、基本ソフトとしてはウインドウズを採用せざるを得ない。しかしブラウザーについては MS 製（エクスプローラー）とネットスケープの選択肢を有する。そこで MS は、OEM がエクスプローラーを採用するように仕向け

図表3-4　マイクロソフトのライセンス拒絶と反トラスト法違反　　筆者作成

るため、ネットスケープを採用するOEMに対するウインドウズライセンス条件（ロイヤルティ額など）を不利に設定した。

差別的に不利な条件によるライセンス提供は、排他効果の点から、ライセンス拒絶に相当する。ウインドウズのライセンスを拒絶（あるいは不利取り扱い）されると、PCメーカーはPC市場において生き残れないので、ネットスケープの採用をやめて、エクスプローラー採用に転換することになる。実際にエクスプローラーは圧倒的勢力をブラウザー市場で獲得した。

MSは、ウインドウズのライセンス拒絶は著作権により正当化されると抗弁した。しかし判決はこの抗弁をしりぞけた。「著作権法は、一般的通用性を有する他の法の違反を免除する効力を著作権者に与えるものではない。他の市場に著作権者の力を拡大することを著作権により正当化することはできない[22]」。

本事件では、ブラウザー市場のパイオニア企業であるネットスケープを追い落とすためにMSが実施した競争者排除行為が反トラスト法違反に問われた。違反行為の実施手段としては様々のものがあり得る。知財ライセンス拒絶は、MSが用いやすい手段としてたまたま用いられたにすぎない。取引拒絶自体が反トラスト法違反に問われたものではないので、知財の排他権として反トラスト法違反が合理化されることはない（図表3-3、場合2に該当）。

本事件で上記裁判所見解は、図表3-3の1B説（CAFCゼロックス判決の見方）についても検討している。つまり、MSは、著作権で排他権を保証されているウインドウズにおいて競争相手を排除するためではなく、著作権外のブラウザーに自分の力を広げるためにライセンス拒絶を用いている。このような知財範囲外への独占力拡大行為には、知財の排他権による正当化はできない。知財による排他権行使の当然合法説（CAFCゼロックス判決）によっても、知財範囲（パテントスコープ）外拡張論（図表3-3、1B）により競争法違反を認定できる場合が少なくないことを本事件は示している。

(5) **ライセンス拒絶とEU競争法**——「不可欠施設」論　「純粋な取引拒絶」

と「他の競争法違反行為の手段として取引拒絶」（上記図表3-3）を区分し、後者に対しては、財産権あるいは知財権を考慮せず、通常の競争法適用を実施するのはEUにおいても米国と同じである（EUマイクロソフト判決などの例）。

知財に認められた排他権と競争法の調整が必要になるのは「純粋ライセンス拒絶」の場合である。この調整について、EUの欧州委員会（欧州委）は、米国CAFCゼロックス判決が示す「パテントスコープ」論（図表3-3、1B）は明確に否定している。知財の排他権を尊重するものの例外的場合には競争法違反を認定する見方（図表3-3、1A）を欧州委（及びEU裁判所）は表明している。

知財に限らず財産の純粋取引拒絶に対して、対象財産（知財を含む）が「不可欠施設（エッセンシャル・ファシリティー）に該当する場合に、取引（ライセンス）拒絶を競争法違反と認定するのが欧州委の立場である。不可欠施設とは、既存企業及び新規参入を企てる企業が営業を行う上で不可欠（必須）な施設を指す。

不可欠施設論はEUで活用されている理論ではあるが、元々は米国裁判所が考案した論である。代表判例はMCI判決である。[23] AT&Tが独占していた電話市場中の長距離電話部門に参入したMCI社が、地域通信回線への接続（長距離通信を完了するために必要）をAT&Tに拒絶されたため、提訴した事件である。判決によれば、次の4条件すべてを満たす取引拒絶に不当な競争者排除行為（シャーマン法2条違反）を認定する。①競争相手の活動に不可欠の施設を市場支配的企業が専有している、②それと同等の施設を新設することは不可能に近い、③競争相手と取引することを支配的企業が拒絶している、④支配的企業が競争相手と取引することが実行可能である。

EUとは異なり、現在の米国では不可欠施設論を退ける見方が最高裁判決により確定している。[24] 知財を不可欠施設と認定した判例は皆無である。[25]「不可欠施設」と認定すれば、ライバルへの施設提供を所有権者に義務付けることになるので、施設投資の意欲を損なうことを米国の有識者は懸念している。

EUでは米国とは異なり、不可欠施設論が支持されている。ただし、「不可欠施設」を安易に認定すれば支配的企業が投資意欲を喪失する。裁判所は認定を厳格に行うようになってきている。知財については通常の物的施設の場合よりも厳格な不可欠施設認定をEU裁判所は実施してきている。知財の純粋ライ

センス拒絶（競争法違反となる行為の手段としての取引拒絶ではないもの）に裁判所がEU競争法違反を認定したのは、欧州裁1995年マギル判決と2004年IMSヘルス判決の2つのみである。

　マギル判決[26]は、テレビ会社による番組表著作権ライセンス拒絶に競争法違反を認定した。複数テレビ会社のテレビ番組表をまとめて掲載するテレビガイドを販売しようとしたマギル社が、著作権ライセンス供与を各テレビ会社に求めた。この求めを拒絶されたマギル社が、ライセンス拒絶行為はEU競争法102条に違反するとして提訴した。EU裁判所（欧州裁判所と下級審の一般裁判所［旧称、第一審裁判所］）はこの訴えを認めて、ライセンス拒絶が102条違反の「濫用」行為にあたると決定した。

　マギル判決は、EUが取引拒絶に対して不可欠施設論を適用することを確認した事件である。知財であっても物財と同様に取り扱うことが表明されている。ただしマギル判決（1995年）の後、「不可欠施設」を認定する範囲をEU裁判所は狭めてきている。ライセンス拒絶が「消費者が望む新製品の創出を阻む」ことになる場合でなければ、不可欠施設を認定しないとする立場をマギル以後の判決が繰り返し表明している。

　ライセンス拒絶と不可欠施設論についてのEU裁判所による最近の見解は、欧州裁IMSヘルス判決（2004年）[27]である。判決は、著作権（データベース）ライセンス拒絶が競争法に違反するのは次の3要件すべてを満たす場合のみであるとした。①取引拒絶により、新商品の創設が妨げられる、②新商品について消費者の潜在的需要が存在する、③取引拒絶により第二次市場における競争が完全に消滅する。

　本件では、ドイツ製薬業のデータベース標準について著作権を有するIMSヘルス社が、データベース対抗企業に標準の著作権ライセンスを拒絶していた。IMSヘルスは、ドイツ製薬市場を1860地域（ブリック）に分割し、統一した様式により製薬データベースを作成・販売していた。データベースのIMSヘルス様式（ブリック構造）が標準として業界に定着した。同じブリック構造を採用しなければ、対抗企業のデータベースは製薬会社に受け入れられない。このためブリック構造についての著作権は不可欠施設に該当する。欧州委は、IMSヘルスの著作権ライセンス拒絶を102条違反と認定し、2002年にライセン

ス強制を命じた。IMS ヘルスが上訴したが、本判決により違反が確定した。

この IMS ヘルス判決基準よりも論理的に説得性が高い基準を欧州委は「102条ガイダンス」（C（2009）864）により示した。ガイダンスは、不可欠施設論を採用しているものの、適用に厳しい限定を設けた。つまり、次の3要件すべてを満たさなければ不可欠施設を認定しない（したがって取引拒絶を違法と認定しない）（para 81）。①川下市場の競争者にとって、拒絶対象の川上施設が競争上客観的に必要である、②取引拒絶が川下市場の競争を消滅させる、③取引拒絶が消費者利益を損なう。最後の消費者利益判断は、取引拒絶を命じることによるメリット（競争維持）とデメリット（投資意欲の削減）をバランス判断するものである。ただし、「新商品の創出が妨げられる」場合には消費者利益が損なわれる（para 87）としており、この点で欧州委ガイドラインはマギル判決と IMS ヘルス判決を踏襲している。

(6) **ライセンス拒絶と日本の独禁法** 単独での知財ライセンス拒絶に公正取引委員会（公取委）が独禁法を適用した例はこれまで存在しない（共同でのライセンス拒絶には違法を認定した例がある[28]）。しかし今後も適用しないとは考えられない。物財についての取引拒絶（単独行為）に対し公取委は、米国と EU 競争当局に比べて、容易に違法を認定してきているからである。「不可欠施設」の場合に限定せず、取引拒絶される競争相手の「事業活動が困難となるおそれがある場合」に公取委は違法決定する（流通・取引ガイドライン、1991年）。公取委の審決例（ロックマン事件など[29]）も、取引拒絶される競争相手の事業活動が困難になるとの認定だけから違法を決定している。

しかし、単独取引拒絶（その中での「純粋取引拒絶」）については、財産権（知的財産権を含む）尊重とのバランス判断をすることが求められる。これまでの公取委審決はこのバランス判断を行わなかった。しかし公取委が2009年に発表した「排除型私的独占ガイドライン」は、「独立した事業主体として行った供給先の選択… は、基本的には、事業者による自由な事業活動として尊重されるべきである」（第2・5（1））と表明した。今後の純粋取引拒絶事件に対して公取委は、EU の不可欠施設論に近い基準を採用することが予想される。

ただし、垂直的取引（川上・川下関係の取引）における取引拒絶については、純粋取引拒絶であっても、川上市場での市場支配力を川下市場に拡大する行為

として、不可欠施設論ではなく、通常の競争者排除行為規制を適用すべきである。この趣旨を公取委が表明したと考えられるものとして、「［川上における市場支配力的な］供給先事業者が［川下市場］で事業活動を行うために必要な商品について、合理的範囲を超えて供給拒絶等をする行為は、排除行為に該当し得る」（排除型私的独占ガイドライン 第2・5（1））。

（7）　ライセンス拒絶と中国独禁法　　中国産業の急速なハイテク化により、先進国企業の特許に対する中国企業の需要が急増している。米国や日本の企業が特許ライセンス供与を中国企業に拒んだ場合に、中国の独禁当局が、ライセンス拒絶を独禁法違反と認定することにより、中国企業へのライセンス供与を外国企業に強制できるのかが関心事となる。

単独企業による取引拒絶は、中国独禁法において、市場支配的企業による場合には、正当性が認められなければ、「市場支配的地位の濫用」行為として禁止される（したがって強制ライセンス命令につながる）。つまり、中国独禁法17条が「市場支配的地位の濫用行為」を禁止しており、濫用とされる取引拒絶について、17条3項が「正当な理由なく、取引先に対して取引を拒否すること」と規定している。

ただしライセンス拒絶の場合には、知財権に配慮しなければならない。これについて中国独禁法55条は次の基準を表明している。①知財法が権利者に付与している知財権の行使に対しては独禁法を適用しない、②ただし、知財権を濫用することにより、競争を消滅させるあるいは制限する企業行為には独禁法が適用される。要するに、日本の独禁法21条の公取委解釈と同じであり、知財権の行使は通常は独禁法上合法であるが、「濫用」行為とみなされる場合には独禁法違反を認定する。そして、中国独禁法17条3項は「濫用」としての取引拒絶を禁止している。ただし、55条は単なる競争制限ではなく、「競争を消滅させるあるいは制限する」とあるので、競争を消滅させるに近い、強い競争制限効果がある場合だけに独禁法違反認定を限定すると表明していることになる。

中国独禁法17条と55条規定を併せて、中国当局はライセンス拒絶に対し、EU欧州委員会の「不可欠施設論」に類似する運用をすることが予想される。そしてまさしく、「不可欠施設論」に相当する基準を中国独禁当局は知財ガイドライン案において表明した。国家発展改革委員会の2015年12月知財ガイドラ

イン案[30]では、支配的地位を有する企業による、正当性が認められないライセンス拒絶は、競争を消滅させるあるいは制限するおそれがあるとされ、その判断要素の1つとして「市場参入のために当該知財が必要であるか、そして合理的な程度に代替手段が入手できるか」が挙げられている（案Ⅲ（ⅱ）2）。工商総局の2016年2月ガイドライン案[31]は、発展改革委員会と同様の不可欠施設論に加えて、「ライセンス提供が知財権者（ライセンサー）の利益を不当に損なうか」を考慮要素として挙げている（案24条）。

　不可欠施設論はEUでも用いられているが、EU裁判所は厳格な条件を設けており、ライセンス拒絶に適用した例は稀である。これに対し中国では不可欠施設論に限定を設ける判例が形成されていない。発展改革委員会と工商総局のガイドライン案規定はいずれも不可決施設認定について独禁当局に裁量的な解釈余地を与えている。日本企業等の中国企業に対するライセンス拒絶を中国独禁当局が不可欠施設論により独禁法違反と認定し、強制ライセンスを命令することが懸念される。

5　特許製品と非特許製品の抱合せと競争法

　知財を利用する競争者排除行為として、ライセンス拒絶に次いで重要な行為類型が抱合せ行為である。「抱合せ」とは、市場支配的製品（抱合せの主体製品）を購入する消費者に対し、他の製品（抱合される製品）をも併せて購入することを強制する取引方法である[32]。「抱き合わされる製品」市場の対抗メーカーが市場から排除されるので、抱合せ主体製品メーカーの市場支配力が抱き合わされる製品にも拡大する。特許製品についての抱合せは、特許製品に非特許製品を抱き合わせる形で行われる。

　特許製品について抱合せがよく行われるのは、特許製品メーカーは特許製品を独占しているので、市場支配力を有していることが少なくないためである（ただし特許製品が常に市場支配力を有するわけではない）。特許製品が市場支配力を有している場合には、顧客にはその特許製品を使わないという選択肢がない。顧客に対する市場支配力を梃子として、特許企業は「抱合される製品」にも市場支配力を拡大できる。

違反認定の要件として、行為企業が「抱合せ主体製品」に市場支配力を有していなければならない。これに対し「抱合される製品」についての競争者排除効果は、市場支配力獲得に至る程度である必要はなく、ある程度の実質性があるだけで競争法違反が認定される。ただし、消費者利益上の正当性がある抱合せは許容される。

(1) 特許プリンターと非特許インクの抱合せ　特許製品に関する抱合せの代表例として、プリンターのインク収納容器（カートリッジ）（特許品）とインクの抱合せがある。インクカートリッジの問題については第1章で「消尽論」に関して既に採り上げた。消尽論が問題になるのは、使用済みカートリッジを独立業者が買い上げ、加工した上でインクを充填して販売する場合である。これに対し、競争法の抱合せ行為規制が問題になるのは、プリンターメーカーが購入者（ユーザー）向けの定形契約（約款）により、自社製の純正インクを購入するようにユーザーに義務付ける場合である。現在では、約款よりも履行が確実な方法として、メーカーは、技術的方法（ICセンサー利用など）により、ユーザーが互換品を使えばプリンターが停止するようにしていることが多い。

メーカーがユーザーに自社製インク利用を義務付けるのは、特許権の効力によるものではなく、約款あるいは技術的方法の効力によるものである。プリンターを購入したユーザーが購入時の販売約款により、互換品の安いインクを購入してインクカートリッジに充填することを禁止される。約款は契約なので、売り手・買い手双方の自由意思により成立する。買い手側はその売り手のプリンターを購入しないという選択肢を有している。しかし購入してしまった後では、抱き合わされたインクも購入せざるを得ない。

抱合せ行為は、競争者排除行為の1つなので、行為企業が主体製品において市場支配力を有することが競争法違反認定の第1段階要件である（ただし、日本独禁法の不公正な取引方法規制では、市場支配力は違法要件ではない）。ユーザーが抱き合わされる製品（プリンタメーカー製のインク）の購入を余儀なくされるのは、抱合せ主体製品のプリンターを購入せざるを得ない（購入しないという選択肢がない）場合である。この状況が市場支配力である。しかしプリンターは、キャノン・エプソン・HPなどがひしめく競争市場なので、どのプリンターメーカーも市場支配力を有していない。

(イ) 特許権は市場支配力とイコールではない　キャノン等の各メーカーが自社プリンターに特許を有していても、市場支配力を有することにはならない。キャノン製プリンターが特許製品であっても、顧客はエプソン製プリンターを選択できる。米国最高裁2006年イリノイツール判決はこの点を争点としたが最高裁は、製品（本事件ではインクカートリッジ）に特許が与えられていても必ずしも市場支配力の存在を示すことにはならないと指摘して、抱合せ（自社製インク使用の抱合せ）を合法とした。

(ロ) 市場支配力が認定される場合　ただし、抱合せの状況によっては、プリンター（そのインクカートリッジについても同じ）メーカーが市場支配力を有する場合が存在する。この状況は、プリンターメーカーが抱合せをプリンター販売の事前には明らかにせず、顧客がプリンターを買ってしまった後に明らかにする場合に発生する。例えばキャノンはプリンターに市場支配力を有してはいない。しかし、キャノンのプリンターを購入してしまった顧客はそのキャノン製プリンター用のカートリッジを購入し続けざるを得ない。既存顧客についてはキャノンがキャノン製インクカートリッジに市場支配力を有していると見ることが可能である。この見方を採用したのが米国コダック判決[34]である。

ただしこの見方は、抱合せ義務が伴うことを顧客がプリンター購入の事前に知らされていた場合には適用できない。つまり、抱合せ義務のないプリンターを購入するという選択肢を有しているにもかかわらず、それを承知して抱合せ義務のあるプリンターを購入した顧客には、そのプリンターメーカーの市場支配力を認定できない。

プリンターメーカーの中には、わかりにくい表現の約款（製品同封契約書の細則など）で抱合せ義務を顧客に伝えるものがいる。この場合には、購入客が抱合せを自主的に承諾したとはみなせない（したがってプリンターメーカーの市場支配力が認定される）。

さらに、現在のプリンター販売では、顧客が技術的に他社製インクカートリッジを取り付けられないようにして事実上、抱合せを強制している。このような場合には、裁判所が市場支配力（プリンター本体について）を認定することが考えられる。ただし、消費者は自己責任として、プリンター購入前に、他社製インクが技術的に利用できるかについて事前に調べることが求められるとい

う視点を採れば、市場支配力は否定される（したがって抱合せは合法となる）。

(ハ) **抱合せの不当性**　抱合せ主体製品（プリンターそしてインクカートリッジ）に当該メーカーが市場支配力を有すると認定された場合においても、違法決定のためには競争者排除行為に共通の第2次審査を通過する必要がある。つまり、抱合せが消費者利益の視点から不当なのかを判定しなければならない（日本の不公正な取引方法規制では市場支配力が違法要件ではないので、この不当性審査によって抱合せの違法・合法が決定される）。

プリンター（そのインクカートリッジ）とインクの抱合せにより、安い互換インクの購入を阻まれる顧客は損害をこうむっているように見える。しかし、見返りとしてメーカーは、プリンター本体価格を安く設定している。抱合せによりプリンター顧客すべてが損をしているわけではない。インク消費量が少ない顧客は得をしている一方で、インク消費量が多い顧客は損をしている。プリンターメーカーは、プリンターの大量使用顧客と少量使用顧客をインクの使用量により計測し、価格差別をしている。顧客の利用頻度に応じた価格差別により、メーカー利益は上昇する。しかし価格差別は供給量を増大させるので、経済効率は向上する（したがって価格差別のための抱合せは合法）と見る経済学者が多い。[35]

(2) **特許プリンターと非特許インクの技術的一体化**　現在ではプリンター各社の多くは、自社製プリンターカートリッジではない互換カートリッジをユーザーが利用した場合、あるいはユーザーが自社製カートリッジに互換インクを注入した場合には、ICセンサーなどにより感知してプリンターが作動しないようにしている場合が多い。

技術的一体化に対しても競争法・独禁法の抱合せ規制は適用可能である。プリンター機能上は必要でないにもかかわらず、抱合せを行う方便として技術一体化が用いられている場合には、競争法の抱合せ規制を適用できる。公取委の前掲キヤノン事件（第1章参照）での意見（技術的合理性がない場合には独禁法違反のおそれあり）はこの旨を表明している。他方、技術的正当性のある一体化であれば競争法違反は認定できない。

日本の裁判事件として、キヤノン製プリンターを対象とするものがある。[36] キヤノン製インクカートリッジの互換品メーカー（サップ社）側は、キヤノン

がICチップ搭載のインクカートリッジをプリンター新機種に搭載したのは、互換メーカーを排除する目的であり、技術的必要性が認められないので独禁法違反だと主張した。しかし地裁は、「インクタンクの誤装着が生じる［のを防ぐための］技術的必要性という合理的な理由」が存在するとして、独禁法違反を否定した。[37]

コラム3　アイチューンズ/アイポッド抱合せと「デジタル著作権管理」

楽曲（音楽）をCDとして購入する時代からインターネット（ネット）経由で有料ダウンロードする時代に、そしてさらに最近では、定額の聴き放題でストリーミングする時代への移行が加速している。ネットからの曲ダウンロードビジネスに最初（1999年頃）に取り組んだのは「ファイル共有交換（P2P）」によるナップスターである。しかし著作権法違反の海賊行為として摘発されたので、正当なビジネスとしては成立しなかった。

この中でアップル社は、ネットから曲を有料ダウンロードする事業としてアイチューンズ（ホームページとソフト・アプリの組み合わせによる曲販売事業）を2001年に開始した。しかし曲をダウンロードできるのはアップル製パソコン（マック）だけだったので、顧客数は伸びなかった。改善策としてアップルは専用端末としてアイポッドを開発した。PC上のアイチューンズ経由でアイポッドに曲を有料（1曲99セント）ダウンロードできるようにしたので、アイチューンズ顧客が増加しはじめた。ただしアイポッドが接続できるPCはアップル製マックだけであった。

マック限定方式から転換して、2003年発売のアイポッド新モデルは各社PC共通のUSB接続を採用した。ウインドウズPCにアイポッドを接続できることになり、アイポッドとアイチューンズの利用者が急増した。2003年中にアイポッドの累積販売台数は100万台を超え、アイチューンズによりダウンロードされた曲数は1000万を超えた。

アイチューンズとアイポッドの大成功を見て、マイクロソフト、デル、そしてアマゾンが曲ダウンロードビジネスに参入した。しかしアップルの支配的地位は揺らいでいない。アイチューンズとアイポッドの双方にアップルは知財（特許と著作権）を取得している。他社はコピー商品・サービスを製造・販売できない。

アイポッドは各社ウインドウズPCと接続できる。しかしアイチューンズからダウンロードする曲を再生できる音楽機器は一貫してアイポッドだけであった（ソニー・ウオークマン等の他社機器では再生できなかった）。これは「デジタル著作権管理　Digital Rights Management: DRM」をアップルが採用してきたためであ

る。DRMとは、デジタルコンテンツの利用方法と利用機器を技術的に限定することを指す。アイチューンズの曲をアップル独自仕様にすることによりアップルは、デジタル機器共通規格の「MP3」には変換できないようにしていた。

曲ダウンロード事業としてアイチューンズとアイポッドが圧倒的地位を占め続けている。世界各国の競争当局（あるいは消費者保護部局）の中には、アイチューンズとアイポッドの組み合わせは不当な抱合せであるとして、規制に乗り出す当局が現れた（フランス競争当局など）。規制に乗り出した当局は是正措置として、アップルがアイチューンズ独自の曲仕様をMP3仕様に改めるように求めていた。

DRMによるプロテクト（アクセスコントロール）を技術に詳しいユーザーが解除（プロテクト破り）した場合、米国裁判所は、ユーザーが著作権を侵害したと認定する。1998年 Digital Millennium Copyright Act（DMCA）1201条（a）が適用法であり、DRMプロテクト破り（およびそのための機器販売）を禁止し、違反には刑事罰を課している。

同様の禁止規定を日本政府も著作権法改定（2012年）により規定した（「技術的保護手段の回避」を禁じる著作権法30条1項2号）。さらに日本政府はTPP（環太平洋パートナーシップ協定）調印に伴い、DRMプロテクト破りが著作権法に違反することを特別法により規定し、プロテクト破りのための機器販売に刑事罰を科すことを定めた。

しかし、米国DMCA法によるプロテクト破り規制に対しては、著作権の「フェアユース」（本書第1章コラム参照）をないがしろにしているとして、規制に反対する意見が米国著作権学者の間に強い。

この論争渦中の2009年にアップルはDRMを廃止し、アイチューンズの曲を「DRM-free」、つまりMP3仕様とした。MP3方式の携帯端末すべてのユーザーがアイチューンズの曲を聞けることになった。競争法と「デジタル著作権管理」（それを保護する米国DMCA法）そして「著作権法上のフェアユース」を巡る論争はアップルについては解決した。しかしデジタル著作権管理（DRM）は、TPP協定により、日本でも米国と同様に刑事罰を備えることになり、著作権者にとって強力な武器となった。他方、日本のユーザーは米国ユーザーとは異なり、「フェアユース」規定が日本の著作権法には設けられていないので、著作権者のDRM行使に対抗する手段を有しない。

1） U.S. Dep't of Justice & FTC, "Antitrust Guidelines for the Licensing of Intellectual Property" (January 13, 2017).
2） Landes, W.M. and Posner, R.A. (2003), *The Economic Structure of Intellectual Property Law*, Harvard University Press, p. 335.
3） U.S. Dep't of Justice & FTC, "Antitrust Guidelines for the Licensing of Intellectual Property" (January 13, 2017), Example 1. 日本の公正取引委員会の知財指針も、ライセンス上の地域制限を「技術を利用できる範囲を限定する行為として、権利の行使とみられる」としている（指針注9）。これは米国ガイドラインと同じ見方である。
4） 「技術移転取引一括適用除外規則」Block Exemption Regulation for Technology-Transfer Agreements (EU) 316/2014 ("TTBER"), Article 4, 1 (c).
5） Federal Trade Commission (FTC) v. Actavis, Inc., et al, 133 S. Ct. 2223 (2013).
6） FTC v. Actavis, at 2231.
7） Id. at 2231-32.
8） アメリカ反トラスト法（独占行為を禁止するシャーマン法2条）では、「独占の企図」行為として、行為企業が現在市場支配力を有していなくても、競争者排除の結果として市場支配力を獲得する可能性が極めて高い場合も規制対象に含める。ただし、「独占の企図」類型を狭く限定するので、市場支配力を要件とする場合とほとんど変わりがない。
9） United States v. Microsoft, 253 F.3d 34 (DC Cir. 2001).
10） United States v. Microsoft, 253 F.3d 34, 84 (DC Cir. 2001).
11） Case T-286/09 Intel v Commission EU:T:2014:472.
12） FTC File Number 111-0163, at 3 (January 3, 2013).
13） Shelanski, H.A. (2009), "Unilateral Refusals to Deal in Intellectual and Other Property", 76 Antitrust L.J. 369, 385.
14） 米国最高裁アスペン判決による（それまで利益になっていた取引を停止するのは、中小のライバル企業を害する長期効果は別にして、短期的には自社に損失をもたらす行為なので、競争制限効果しか認められず、したがって不当な行為である。）——Aspen Skiing Co. v. Aspen Highlands Skiing Corp., 472 US 585, 611 (1985).
15） 特許法93条「特許発明の実施が公共の利益のため特に必要であるときは、その特許発明の実施をしようとする者は、特許権者又は専用実施権者に対し通常実施権の許諾について協議を求めることができる」。
16） Image Tech. Services, Inc. v. Eastman Kodak Co., 125 F. 3d 1195 (9th Cir. 1997).
17） 本事件の反トラスト法違反認定については、知財についての判断とは別に、反トラスト法が問題とすべき市場は、コダック製品の補修市場ではなく、コピー機の市場である（コダック製品のシェアは小さいのでコダックは市場支配力を有せず、反トラスト法違反にはならない）とする有力な反対論がある。
18） Intel Corp., FTC Dkt. No. 9288 (June 8, 1999).
19） Merges, R.P., Menell, P.S., and Lemley, M.A. (2006), *Intellectual Property in the New Technological Age*, Fourth Ed., Aspen Publishers, p.41.
20） CSU, L.L. C. v. Xerox Corp., 203 F.3d 1322 (Fed. Cir. 2000).
21） United States v. Microsoft Corp., 253 F.3d 34 (DC Cir. 2001).
22） 判決前手続における裁判所の見解——1998 WL 614485 (D.D.C., 14 September 1998), at 15.
23） MCI Communications Corp. v. American Tel. & Tel., 708 F 2d.1081 (7th Cir. 1983).
24） Verizon v. Trinko, 540 US 398 (2004).

25) Hovenkamp, H., Janis, M.D., and Lemley, M.A. (2006), "Unilateral Refusals to License", 2 J. Competition L. & Econ.1, 12.
26) RTE and Independent Television publications Ltd. v. Commission [Magill], [1995] ECR I-743.
27) IMS Health GmbH & Co. OHG v. NDC Health GmbH & Co. KG, Case C-418/01, [2004] 4 CMLR 28.
28) パチンコ機パテントプール事件、平成9年8月6日勧告審決、審決集44巻238頁。
29) ロックマン工事施工者事件、平成12年10月31日勧告審決、審決集47巻317号。
30) 国家発展改革委員会「关于濫用知识产权的反垄断指南」公开征求意见（2015年12月）。
31) 国家工商行政総局「关于濫用知识产权的反垄断执法指南（国家工商总局第七稿）」公开征求意见的公告（2016年2月）。
32) 滝川敏明（2009）「抱合せ・バンドリング規制のEC・米国比較」公正取引705号8頁。
33) Illinois Tool Works Inc. and Trident Inc. v. Independent Ink, Inc., 547 U.S. 28 (2006).
34) Image Tech. Services, Inc. v. Eastman Kodak Co., 125 F. 3 d 1195 (9th Cir. 1997)（コダック製コピー機の修理にコダック製純正部品の使用を義務付けたことを内容とする抱合せに違法を認定した）。
35) ただし、抱合せがもたらす価格差別により消費者厚生が低下する場合があることを指摘する経済学者も存在する――Nalebuff, B. (2013), "Unfit to be Tied: An Analysis of Trident v. Independent Ink" in J.E. Kwoka and L.J. White eds., *The Antitrust Revolution: Sixth Edition*, Oxford University Press.
36) 知財高裁2011年2月8日判決、裁判所サイト
〈http://www.ip.courts.go.jp/hanrei/pdf/20110209103025.pdf〉。
37) 東京地裁2010年6月24日判決、裁判所サイト
〈http://www.courts.go.jp/app/files/hanrei_jp/423/080423_hanrei.pdf〉。上記の知財高裁判決は地裁判決を支持した。
38) Universal City Studios, Inc. v. Corley, 273 F.3d 429, 443-44 (2d Cir. 2001).
39) 環太平洋パートナーシップ協定の締結に伴う関係法律の整備に関する法律案（内閣官房2016年3月）。
40) Merges et al. (2006), p.570.

第 4 章　標準化ホールドアップと競争法・独禁法

　前章では、知財を利用する競争者排除行為に対する競争法適用を検討した。それを受けて本章では、標準技術の特許権者による競争者排除行為について検討する。特に、特許利用を拒絶されるメーカーが製造停止に追い込まれることを利用して、特許権者が極めて高額のロイヤルティを要求する行為への対応について検討する。この行為は、標準に組み込まれたことにより必須性を獲得した特許の所有企業が、ライセンス拒絶そして「差止請求訴訟 injunction suit」を手段として、不当に高額のライセンス料（ロイヤルティ）をライセンス相手から得る行為である。標準化を妨げる行為として「ホールドアップ hold-up」と呼ばれる。

　標準に組み入れる特許として採用された「標準必須特許」を所有する企業は、採用の見返りとして FRAND（公正・合理的・無差別）条件でライセンス供与することを宣言する。しかし FRAND 宣言は、ロイヤルティ額等のライセンス条件を「合理的かつ無差別」額にする約束にとどまる。このためホールドアップの余地が生じる（本書第 2 章 4）。必須特許権者は、自社の特許は価値があるので、利用者が高いと感じるロイヤルティであっても「合理的」額であると主張できるからである。

　パテントプールの場合にはプール構成員企業はロイヤルティを個別には設定せず、プール（その幹事会）が一括ロイヤルティを設定する。しかし、標準化団体とパテントプールは一体ではない。特許権者は標準化団体には参加するが、パテントプールには参加しないことを選択できる。この場合、標準技術の特許ロイヤルティ額は、標準利用企業（ライセンシー）が特許権者（標準化団体構成員）各自と個別交渉する。このためホールドアップが生じやすい。

　ハイテク産業の研究開発と製造に技術標準化が中心的な役割を果たしている。標準化を妨害するホールドアップ行為に対処することが急務となっている。ホールドアップは、技術を標準化するための「競争者間協調」に伴って発

生する。しかしホールドアップ自体は協調行為ではなく、特許権者単独での「競争者排除」行為である。

　高額ロイヤルティ（及びその他の不当なライセンス条項）に対しては、「競争者排除」としてではなく、特許権者がライセンシーを「搾取」する濫用行為として規制する見方も存在する（前章1（2）参照）。しかし、米国反トラスト当局は「搾取的濫用」規制を採用せず、EU欧州委員会は近年には搾取的濫用規制を控えている。搾取的濫用規制によりロイヤルティ額を引き下げさせる規制を実施しているのは中国独禁当局のみである。

1　「標準必須特許」の市場支配力

　単独企業の「競争者排除」に対する規制において競争当局は、規制対象を市場支配的企業に限定する（前章参照）。そして、ある技術が特許を取得しても、対抗技術が存在すれば、特許技術は市場支配力を獲得できない。例えばソニーはメモリースティックに特許を取得したものの、USBメモリなどの対抗技術・製品と競争しているので、市場支配力は獲得しない。しかし標準技術の場合には、標準が産業全体に普及するので、通常は市場支配力を獲得する。それに伴って、標準に組み込まれた個別特許もユーザーにとって「必須特許」となり、市場支配力を獲得する。

　標準化団体が標準を採択する前の段階においては、特許技術間の競争が存在するので、どの特許も「必須特許」ではない。標準に組み込まれることにより必須特許となるので、「標準必須特許 standard-essential patent」と呼ばれる。標準必須特許権者は、特許の利用許諾（ライセンス供与）を拒絶し、無断で利用する企業に対しては特許利用の差止請求訴訟を提起し、かつ損害賠償を請求できる。必須特許技術には代替技術が存在しないので、ライセンス拒絶（及び差止請求）の脅しを背景として、特許権者は極めて高額のロイヤルティを要求できる。

　特許本来の力による市場支配力ではないにもかかわらず、特許権者が市場支配力を利用してロイヤルティをつりあげるのは不公正である。この見方に対しては、特許が法的に認められた排他権であることから、特許権の正当な行使で

あると反論することが考えられる。しかし、特許は標準必須特許に採用されることにより、特許自体の排他権をはるかに超える排他能力を獲得する。

　標準に組み込まれたことにより獲得した排他能力を必須特許権者が行使するのは、不公正であるにとどまらない。1つの標準に含まれる必須特許数はIT産業では何百・何千にのぼる。多数の特許権料が積み重なる「ロイヤルティ積上げ royalty stacking」により、標準利用企業が支払うロイヤルティ総額が極めて高額になる。これでは標準が普及しない。対策として標準化団体は、標準に採用される特許のロイヤルティ額を抑える施策を構成員企業に約束させてきている。ロイヤルティ額をはじめ、標準化団体が構成員企業に約束（宣言）させる諸事項は「IPRポリシー」と呼ばれる。

　標準化団体（その幹事会）はIPRポリシーとして、標準に組み込む必須特許のロイヤルティを合理的な額に抑えることを標準化団体の構成員企業に約束（「FRAND宣言」）させてきている。それにもかかわらず、FRAND宣言した特許権者が極めて高額のロイヤルティをライセンシーに要求する事態が生じてきている。高額ロイヤルティを拒否すれば、標準を利用できなくなる。この現象が「ホールドアップ」である。ホールドアップは、実際の特許価値からかけ離れて高いロイヤルティを得るために戦略的に用いられている。

2　パテント・トロール問題

　自社特許から引き出せるだけの高額ロイヤルティを獲得するように特許権者が行動するのは、通常は正当である。しかし、自社技術が標準テクノロジーに組み込まれたことにより生じた市場支配力を利用して、標準採択前（競争が成立していた時期）には得られなかった高レベルのロイヤルティを得るのは不当である。このホールドアップ行為は、経済効率を低下させる「レントシーキング」（特殊利益の追求）に該当する。競争法によるホールドアップ規制を検討する必要がこのため生じる。

　不当性のあるホールドアップの典型とみなされてきたのは、「標準必須特許権者が標準化実施後に突然にロイヤルティ額を引き上げる場合、あるいは標準化団体の外部企業が突然に技術標準に抵触する先行特許を所有していると主張

してくる場合」である[1]。この見方からEUではホールドアップを「Patent ambush（特許の待ち伏せ攻撃）」と名付けている。

　ホールドアップ実施企業の多くは、製造に従事しない研究開発（R&D）専業企業――「Non Practicing Entity: NPE」である。特許ライセンスにより利益をあげることがNPEの企業目的なので、獲得するロイヤルティをホールドアップにより最大化することが合理的行動となる。これに対し製造企業はホールドアップを行った場合、仕返しのホールドアップを他社から受けることになるため、ホールドアップを行いにくい。

　ただし、NPEが本来的に反社会的な企業というわけではない。R&Dによるイノベーションがハイテク・IT産業発展の原動力なので、NPEが重要性を増してきている。ランバス社はNPEの代表であるが、R&D企業として評価されている。クアルコム社は、ICチップを製造販売しているものの、ほとんどNPEであるが、高い評価を業界と市場から受けている。

　反社会性が指摘されるのは、NPEの中でR&Dを行っていない企業である。これが「パテント・トロール patent troll」企業であり、特許侵害訴訟を提起して、ホールドアップにより高額ロイヤルティを獲得すること自体を事業とする。

　トロール企業はベンチャー企業から特許を大量に購入する[2]。その上で、成功報酬ベースで訴訟提起を引き受ける法律事務所と業務提携して、特許侵害訴訟を大量提起する。訴えられる側のメーカー（特に中小メーカー）は訴訟に慣れていない。訴訟費用がかさむことを嫌うメーカー側は、判決で白黒を決着するまで争わず、不利な条件での和解（セトルメント）に応じ、高額の和解金をトロール企業に支払う。訴訟を嫌う企業心理につけこむことにより、トロール企業は「弱いパテント」つまり、特許無効確認訴訟を相手方から提起されれば特許成立を否定される可能性の高い特許からも収益を挙げてきている。

　ただし、トロール企業に好意的見解も表明されている。小規模ベンチャー企業からトロール企業は特許を購入する。ベンチャー企業は自社だけでは特許侵害訴訟を提起するコストを負担できない。特許から利益を得ないままで、ベンチャー企業の多くは市場から消えていく。この傾向を押しとどめるのがトロール企業であり、ベンチャー企業が所有する特許を購入することにより、その特

許の経済価値を実現する。ベンチャー経営者は、会社を倒産させたとしても、特許売却により会社設立費用を回収できるので、新たに事業を起こせる。トロール企業はベンチャー企業振興に貢献しているとの見解がある[3]。

　これらの議論を受けて米国連邦取引委員会（FTC）は、価値判断の入ったトロールの用語を避け、「特許を購入し、それを行使することを主なビジネスモデルとする企業」に対する中立的用語として、「特許権主張企業 Patent Assertion Entity: PAE」の名称を採用し、調査報告書を発表した（PAE Study, 2016年10月）。特許侵害訴訟での開示責任が PAE 側に有利になっている点などを改めるための民事訴訟規則改正を提言している。PAE の存在感の高まりは、特許が製造に利用されるだけでなく、それ自体で売買される企業資産になったことを反映している。グーグルによるモトローラ社携帯部門の買収が代表例である。モトローラ携帯電話特許の取得を目的として、グーグルが2012年に買収（125億ドル）し、その後2014年にレノボ（中国）に売却した。

3　標準化団体によるホールドアップ対策

　必須特許権者によるホールドアップを防止するため、標準化作業に着手する前に標準化団体は、構成員企業が保有特許（作成しようとする技術標準に関係するもの）を標準化団体に開示することを義務付ける。開示された諸特許の中でどれを採用して標準に組み込むのかを標準化団体で検討する。組み込むことを決定した特許の権利者に対しては見返りとして、ロイヤルティ額を合理的額に抑えることを約束させる。ロイヤルティ額（及びその他のライセンス条件）をFRAND（公正・合理的・無差別）にすることを特許権者は約束（宣言）したので、標準採択後に合理的額を超えるロイヤルティを要求すれば、約束（つまり契約）違反として、ライセンシーは民法（契約法）上の訴訟により是正を求めることができる（ただし合理的額の内容があいまいであるという問題が残る）。

　標準化団体の外部企業に対しては、標準化団体は FRAND を約束させられない。これには対策があり、外部企業が有している特許は標準に組み入れないことにすればよい。標準に組み込む必要のある特許技術として、代替性のある複数技術が競合しているのが通常である。ホールドアップの危険が大きい外部

企業の特許は採用せず、構成員企業の特許を採用する。自社特許を標準に採用してもらうため、外部企業は標準化団体に加入せざるを得ない。

したがって標準化においてホールドアップが生じるリスクは低いはずである。しかし実際にはホールドアップが生じてきており、大きな問題になってきている。これまでの事件を分析すると次の3要因が浮かび上がる。

① 標準化団体が構成員企業に課す特許開示義務が不徹底な内容にとどまるため、構成員企業が有する特許の中にFRAND義務を免れるものが生じた。この代表事件がデル事件である。[4]

② 一部のR&D専業企業が、標準化団体に参加後、脱退することによりFRAND義務を負わないようにし、それにもかかわらず、採択標準に自社特許が含まれるよう戦略的に行動した。この代表はランバス事件[5]である。欧州委員会によれば、ランバス事件は「特許の待ち伏せ攻撃」の代表事例であり、「標準化団体での標準策定作業に参加した企業が、自社が必須特許を保有することを策定作業の間には隠しておき、標準が決定され、他社が標準を利用し始めた後に、特許権を主張しはじめる」場合に該当する（EU Commission, Rambus FAQ 2009）。

上の2要因は近年に至るまでの代表要因であったが、最近に問題になっているホールドアップのほとんどは次の第3要因によるものである。③ FRANDにおける「合理的」ロイヤルティ額の中身があいまいである。極めて高額のロイヤルティ額を「合理的」額であるとして、標準必須特許権者が特許利用企業（ライセンシー）に要求し、ライセンシー側がこれをホールドアップであるとして抗議する。

ホールドアップが生じやすい産業には特徴があり、情報技術（IT）産業に多く、製薬産業には少ない。[6] IT産業では1製品に数百から数千の特許が含まれるためである（これに比べ製薬では1つの薬は1成分の1特許だけにより構成される）。1つのマイクロプロセッサーに5千程度の特許が組み込まれている。標準に組み込まれている5千の必須特許中の1つにすぎない特許のホールドアップにより、製品全体の製造・販売が停止に追い込まれる。製造方法の変更には莫大な費用がかかる。この弱みのため、標準を利用するメーカーはホールドアップ実施企業との訴訟において和解を引き受け、極めて高額のロイヤルティ

を支払う。

4　特許探索と開示義務

　ホールドアップ行為は、標準化団体の外部企業によって行われることもある。標準化団体に参加するか否かは各企業の自由であり、特許権者は自社の得失を総合的に判断して参加の有無を決定する。標準化団体がホールドアップ対策として特許開示義務及び FRAND 宣言義務を課せば、それに縛られることを嫌って標準化団体に参加しないことを選択する企業が増加する。作成しようとする標準に必要な特許を標準化団体アウトサイダー企業が所有している事態がしばしば生じることになる。

　この事態を防ぐため標準化団体は、標準作成作業に入る前に、技術標準に関係する業界全体の特許を探索調査する。特許探索の結果、標準に必要な特許を所有しているのが団体外部企業であることが判明した場合には、外部企業の特許が含まれないように、作成標準の内容を変更する。

　特許探索の実施後に標準化団体は、構成員企業各社に所有特許（作成しようとする技術標準に関係するもの）の開示を義務付ける。構成員各社が開示した特許の質を団体会合において各社が討議・検討することにより、開示された諸特許中のどの特許を標準に組み込むかを決定する。標準に組み込まなければいけない特許技術は複数企業が所有していることが通常である。複数企業間の競争により、最高性能技術を必須特許として採用するだけでなく、そのロイヤルティ額を FRAND とすることを宣言させる。

　(1)　**特許開示義務付け——米国と EU の対応差**　　標準化団体が構成員企業に開示を義務付ける特許は標準実施（製造あるいは製品利用）に必須の特許に限定されることが通常である。半導体技術協会（Joint Electron Device Engineering Council: JEDEC）がその代表例である[7]。また国際的標準化団体である ITU・ISO・IEC はいずれも作成する標準に関係する特許の開示を構成員企業に奨励している（548 F.3d 1004, 1012（2008））。

　特許ホールドアップ対策の世界的中心である米国では、特許開示の義務付けは、標準化団体（その幹部会）が構成員企業との間で団体規約（IPR ポリシー）

を取り決めることにより実施するものである。反トラスト当局の役割は、団体を通じる企業間取決めが不当な競争制限協定に該当しないかを審査することに限定される。構成員企業に特許開示を義務付けることを反トラスト当局は標準化団体に強制しない。特許開示を反トラスト当局が標準化団体あるいは構成員企業に命じるのは介入的に過ぎ、反トラスト法の役割を超えるという見解が米国では行き渡っている。

しかし米国とは対照的にEUの欧州委員会は、団体構成員企業に特許を事前開示させることを標準化団体に義務付けている。標準化団体による標準化は競争者間協調なので、競争法101条に違反しないための要件の1つとして特許開示が必要だというのが、特許開示義務付けの根拠である[8]。

ただし、標準化団体が事前開示義務を課さない場合でも欧州委が競争法違反を認定しない場合がある。その例として、対抗する標準が存在する場合であって、業界の技術がすべて特許を有しており、事前開示義務を標準化団体が構成員企業に課さないもののFRAND義務は課す場合には、欧州委員会は違反認定を免除する[9]。この例が示すところでは、事前開示義務とFRAND義務の双方ともを標準化団体がIPRポリシーに規定しない場合には、欧州委員会による競争法違反決定を免れ難い。

(2) **開示義務のあいまい性** 標準化団体が課す「開示義務」を実行するため、構成員企業は自社所有（あるいは申請中）特許が標準化対象テクノロジーに関係するか否かを調べなければならない。この探索には多大の労力を要するので、ほとんどの標準化団体は徹底した社内調査を構成員企業に義務付けてはいない。大多数の標準化団体は、構成員企業が団体に派遣するエンジニアが知っている特許を開示することを義務付けているだけで、そのエンジニアが属する企業全体の特許の調査義務は課していない[10]。米国半導体技術協会（JEDEC）もこの通例に該当する。

構成員企業が標準化団体に派遣する自社エンジニアは、自社特許全体を周知しているわけではない。標準化団体が構成員に課す開示義務によりホールドアップが防止できることにはならない[11]。

5　FRAND宣言と差止請求

　標準化団体のIPRポリシー（開示義務及びFRAND宣言）によるホールドアップ防止には限界がある。このため裁判制度を通じて、ホールドアップを抑制する施策が実施されてきている。その中心施策が、FRAND宣言した特許権者には利用企業（ライセンシー）に対する差止請求を裁判所が支持せず、適正ロイヤルティ受領に留めることである。

　(1) FRAND内容のあいまい性　標準化団体構成員が果たす開示義務は、標準技術に関係する自社特許を明らかにするに留まる。標準に自社特許が採用された場合に設定するライセンス条件（特にロイヤルティ額）の事前開示を標準化団体は構成員に義務付けない。構成員企業が義務付けられるのは、ライセンス条件をFRAND宣言することだけであり、FRANDの具体的内容の事前開示は義務付けられていない。ロイヤルティ額等のFRAND条件具体化は必須特許権者と特許利用企業（団体構成員と外部企業の双方を含む）間交渉にまかされている。[12]この状況は日本でも同じである。[13]

　FRAND宣言のあいまいさを標準化団体は解消できない。ロイヤルティ額について必須特許権者と利用企業（ライセンシー）間の意向が折り合わず、訴訟に持ち込まれれば、裁判所はFRAND内容を具体化することを迫られる。

　(2) FRAND宣言趣旨からの差止め否定　FRAND宣言した標準必須特許権者が、その特許利用の「差止請求訴訟 injunction suit」を利用して高額ロイヤルティを得るのは、FRAND宣言の趣旨から認められない。FRANDにおける合理的ロイヤルティ額は、標準策定の「事前」段階での個別交渉から導かれる額だからである。この趣旨に沿った判決が近年に米国で相次いで出された。

　代表判決はアップル対モトローラ判決（2012年）である。[14]本事件では、モトローラがアップルに対し、自社特許（ワイヤレス技術）を侵害したとして特許利用差止を裁判所に請求した。対象のモトローラ特許は標準必須特許であり、欧州電気通信標準化機構（ETSI）においてFRAND宣言していた。ポズナー判事は次のように述べて、差止請求を却下した。「自社特許をFRAND条件でライセンスすることを宣言したことにより、モトローラは、FRAND条件ロイヤ

ルティ額を支払う意向のライセンシーには誰であってもライセンスすることを約束した。したがってモトローラは、自社特許ライセンスの対価としてはロイヤルティを得ることだけで充分であると暗黙の内に認めたことになる」[15]。

(3) **米国最高裁 eBay 判決**　　FRAND 宣言した特許権者には差止を認めないとする判例の基盤として2006年米国最高裁 eBay 判決[16]が存在する。eBay 判決は、特許一般（FRAND 宣言特許に限定しない）について特許侵害者に対する利用差止を制約することを表明した。

米国の特許侵害訴訟において、訴える側の特許権者は、侵害企業に対する特許利用差止を裁判所に請求する。特許侵害を裁判所が認定した場合、裁判所は侵害企業の特許利用を差止めてきた（この点は日本でも同じである）。しかし eBay 判決により最高裁は、特許利用を差止めない方がよいと公益上判断される場合には、利用差止を侵害企業に命令せず、損害賠償支払命令に留めると表明した[17]。

本事件では、オンライン販売のビジネス方法特許権者が、ネットオークション最大手の eBay を相手として特許侵害訴訟を提起し、勝訴した。地裁は損害賠償支払を eBay に命じたものの、特許利用差止命令は出さなかった。これに対する控訴を審理した連邦控訴裁判所（CAFC）は、特許侵害企業に差止を命じないのは例外的場合に限定されるのにかかわらず、地裁が差止を命じなかったのは裁量権濫用に該当するとして、地裁判決を破棄した。この CAFC 判決を eBay が最高裁に上訴した。

最高裁判決によれば、民事訴訟一般の敗訴側に差止を命じるか否かは次の4要素の総合判断により決定し、この決定基準は特許侵害訴訟にも該当する。①権利侵害によって回復しがたい損害が原告に生じるか、②損害回復の法的手段が乏しいか、③原告・被告が措置によってこうむる困難性の比較考量において差止が支持されるか、④差止実施により公益が損なわれないか。

eBay 判決要件に照らすと、FRAND 宣言された必須特許についてはその利用差止を裁判所は支持すべきでないことになる。必須特許権者によるホールドアップ行為は、裁判所から差止命令を得ることができるので強力な効力を発揮する。必須特許の1つでも使用を差止められると、標準が利用できなくなるので、メーカーは製造販売停止に追い込まれる。例えばアイフォーン製造に必須

の特許(何千に及ぶ)の1つにサムスン社所有の特許が含まれており、そのサムスン特許をアップルが侵害したことが特許侵害訴訟で認定されると、アップルは全世界でのアイフォーン製造販売を停止しなければならなくなる。

製造販売停止は巨額の損失を招くので、これを避けるため、メーカーは巨額の金額をホールドアップ企業に支払うことを余儀なくされる。この弱みがあるため、メーカー側は必須特許について侵害訴訟を訴えられると、判決に至る前に和解(セトルメント)で解決しようとする。必須特許権者側が和解交渉で優位なため、技術標準への貢献度からかけ離れて高額のロイヤルティをホールドアップ企業が獲得する。

差止を裁判所が支持せず、合理的額のロイヤルティ支払命令に留めると、ホールドアップの脅威は極めて小さくなる。ライセンサー・ライセンシー間の対等交渉から導かれる FRAND 条件ロイヤルティ額は、差止を逃れることの引き換えとして引き受けなければならないロイヤルティ額に比べて大幅に低くなるからである。

ホールドアップ(パテント・トロールを含む)の脅威は eBay 判決により大きく減少したと米国で論評されている。eBay 判決基準により裁判所が差止を支持しなければ、ライセンシーが特許利用を継続することを特許権者は阻止できないからである。

(4) アメリカ国際通商委員会の輸入禁止命令　　グーグル、サムスン等が絡む近年の米国での大型特許侵害訴訟において、標準必須特許権者がアメリカ国際通商委員会(The United States International Trade Commission: USITC)に提訴する事例が目立っている。USITC は、米国特許を侵害する製品の輸入を禁止する権限を有している(損害賠償命令権限はない)。USITC の輸入禁止命令は裁判所の差止命令とは異なるが、事実上同様の効果を発揮する。

特許権者による USITC への提訴が近年に増加したのは、上記 eBay 判決が特許差止に関する判決なので、USITC による輸入禁止には判決効力が及ばないためである。米国裁判所に特許侵害を提訴しても、eBay 判決に基づき合理的額のロイヤルティ受領に留められる。それに比べて、対 USITC 提訴は侵害製品の輸入を阻止するので、相手企業に大きな打撃を与える。米国で販売されるハイテク製品の大半は外国からの輸入品だからである。例えばアイフォー

は、デザインはアップル米国本社が決定するが、製造組み立ては中国で台湾企業の鴻海（ホンハイ）が行っている。

　標準必須特許が含まれる製品の輸入禁止を求めて特許権者が USITC に提訴した場合、USITC が輸入禁止命令を出せば、必須特許権者は事実上 FRAND 宣言を回避できる。メーカーは大きなプレッシャーを受けることになり、必須特許権者からの高額ロイヤルティ要求に応じざるを得ない。

　この事情を踏まえて連邦取引委員会は USITC に対し、標準必須特許が含まれる製品に対しては輸入禁止命令を出さないように要請した（2012年）。標準必須特許の侵害を理由として輸入禁止命令を出すのは公益を損なうというのが要請理由である。同様の声明を司法省と特許商標庁も共同発表した。USITC から輸入禁止命令を得られなければ、標準必須特許権者は通常の裁判所に提訴するしかない。この提訴に対し裁判所は、eBay 判決の趣旨により、差止は命令せず、合理的ロイヤルティの支払だけを命令することになる。

　しかし USITC は、アップルがサムスンの標準必須特許を侵害したとして、アイフォーン（一部のモデル）の米国への輸入禁止命令を出した。だが、USITC 決定に対しては大統領が拒否権を発動できる。大統領拒否権を代行して、米国通商代表部（USTR）が USITC のアップル製品輸入禁止命令を覆した（2013年）。

6　標準化ホールドアップと競争当局

　FRAND 宣言した特許権者が行うホールドアップに対して米国判例（eBay 判決及びアップル対モトローラ判決など）が歯止めとなっている。この判例を利用する対処は、当事者企業が民事訴訟を提起する（あるいは反訴する）ことによる対処である。特許侵害を理由として裁判所に差止請求する必須特許権者にライセンシー側が反論する。裁判所は差止を支持せず、適正ロイヤルティの支払命令に留めることになる。

　当事者間での民事訴訟による対処に加えて、競争当局が介入してホールドアップを阻止することが必要なのかが議論されている。私企業間の民事訴訟に比べて、競争当局による措置は国民の税金を費やす公的介入である。

競争当局によるホールドアップ規制は、FRAND宣言したにもかかわらず差止請求訴訟を提起する必須特許権者に対して、競争者排除行為として競争法違反を問うことである。この規制は、FRAND宣言特許のロイヤルティ額が不当に高いことを問題とする「搾取的濫用」規制ではない。差止請求が競争者排除に該当することに着目する競争者排除行為規制である。したがって、必須特許権者とライセンシーが単に売り手と買い手の関係にあるだけでは競争法は適用できない（「搾取的濫用」規制は売り手・買い手関係だけの認定で適用できるが、米国・EU競争当局はこの規制を行わない）。法適用の前提として、特許権者と特許利用企業（シー）が競争している必要がある。この競争関係は情報技術（IT）産業においてはほとんどの場合に成立する。IT分野の技術開発で必須特許権者とシーが競合していることが多いためである。

競争者排除行為に対する競争法適用は前章（2節）で示したとおり2段階審査による。第1段階では、対象企業が市場支配力を有しているか否かを判定する。第2段階では競争者排除行為が不当な性格のものであるか否かを判定する。

(1) **米国当局と反トラスト判例**　　米国反トラスト当局（司法省とFTC）は、標準必須特許についてFRAND宣言した特許権者によるホールドアップ行為を競争者排除行為として規制してきている。ただし、反トラスト当局の2017年1月改定知財ガイドラインは、案に対するパブコメの多くの要請にもかかわらず、標準必須特許ホールドアップへの法適用の説明を加えなかった。また米国反トラスト法では当局の規制とは別に、当事企業間の民事訴訟（私訴）が重要な役割を果たしている。

（イ）ブロードコム対クアルコム判決（2007年）　　ホールドアップ行為に対する米国反トラスト法の競争者排除行為に対する規制（シャーマン法2条適用）の代表先例は、ブロードコム対クアルコム事件控訴裁判決（2007年）[18]である（ただし本件は反トラスト当局による介入ではなく、民事訴訟での特許利用企業による反訴である）。標準必須特許をFRAND条件でライセンスすることを標準化団体で宣言した企業がその後FRAND宣言を守らなくなったことに対し、反トラスト法違反を認定できることを本判決は示した。

競争者排除行為に対する反トラスト法（シャーマン法2条）違反決定の2要件

の内、第1要件（市場支配力）は、対象行為が標準必須特許についてであることにより認定される。第2要件（競争者排除行為の不当性）は、FRAND宣言を破った行為であることにより認定される。

特許権者であるクアルコムは、ワイヤレス通信4G規格の携帯電話内蔵「チップセット chipset」（音声・データ送受信用の集積回路）メーカーである。チップセットを含め4G規格通信機器は、標準を遵守するものでなければ携帯通信を実行できない。

4G技術標準として、GSM（Global System for Mobility）とCDMA（Code Division Multiple Access）の2つが並立している。2標準は併用できない。電話会社はどちらかの標準を選択しなければならない。この一方であるGSM標準の標準化団体が欧州電気通信標準化機構（ETSI）である（米国にも対応する標準化団体が存在する）。ETSIは、UMTS（Universal Mobile Telecommunications System）と呼ばれるGSM標準を作成した。

このUMTS標準に組み込む必須特許をETSIが選定した。採用された必須特許中にクアルコムが開発したWCDMA（CDMAとは異なる技術）が含まれていた。WCDMAは、UMTSに組み込まれた多数の必須特許中の1つに過ぎない。そうであっても、WCDMA利用をクアルコムに拒絶されたメーカー・通信企業はUMTS標準の携帯電話を製造販売・利用できなくなる。対策としてETSIは、各特許を標準に組み込むことの見返り条件として、FRAND遵守を特許権者に宣言させた。

特許利用企業のブロードコム（携帯電話機器メーカー）が、クアルコムを反トラスト法違反として提訴した。クアルコムはWCDMA技術チップセットをFRAND条件で提供することをETSIの場で宣言したにもかかわらず、宣言を守らず、チップセットを購入するGSM（UMTS）機器メーカーにFRAND条件を超える高額のロイヤルティを請求してきている。クアルコムの行為は、反トラスト法違反の競争者排除行為（独占行為）に該当するとブロードコムは主張した。違反の第1要件（市場支配力）として、「WCDMA技術」市場においてクアルコムが市場支配力を有することを控訴裁は認定した。理由として第一に、「WCDMA技術」を代替する技術が存在しない。第二に、GSM（UMTS）標準（その標準必須特許の1つがWCDMA）の利用企業はGSM（UMTS）に「ロッ

ク・イン」されている（それから逃れられない[19]）。

　違反の第2要件（競争者排除行為の不当性）についても控訴裁は肯定した。標準化団体が特定特許を標準必須特許として採用する（これによって他の特許は排除される）。この見返り条件として、組み込み技術の特許権者にFRAND宣言させた。したがってクアルコムがFRAND宣言を破ったことは不当な競争者排除行為に該当する[20]。

　(ロ)　対グーグル（モトローラ）FTC同意命令（2013年）――差止を支持する場合の条件　標準必須特許のFRAND宣言を破った特許権者に反トラスト法違反を認定できることは上記ブロードコム対クアルコム判決が示している。したがって私訴（民事訴訟）だけでなく、競争（反トラスト）当局が公的に介入することも可能である。これを具体化したのがグーグル（モトローラ）の差止請求に対する連邦取引委員会（FTC）の介入である。

　ただし、必須特許権者のFRAND宣言不履行のような行為は、競争法違反になり得るとしても、悪質な違反行為ではない。違反行為を当局が是正させるだけで法適用目的は達成される（罰則・罰金を課すのは行き過ぎである）。このため米国反トラスト当局（EUの欧州委員会も同様）は、相手側企業と交渉して、是正措置実施を約束させることにより事件処理を終える。これが和解（セトルメント）手続であり、米国FTCの場合には「同意命令 consent order」手続で[21]ある（欧州委員会の場合には「コミットメント commitment」手続）。和解（同意）により約束した是正措置の実行を企業が怠った場合には、罰則が課される。

　残る問題は、反トラスト法違反に対してどのような是正措置を命令すべきかである。この措置設計において、FRAND条件の具体化交渉に応じない特許利用者（ライセンシー）に対しては必須特許権者による差止請求を支持すべきである。この状況で差止請求を禁止すれば、シー側がいつまでも交渉に応じないことによる引き延ばし戦略を採れるので、必須特許権者側が逆に不利になりすぎる（「逆（リバース）ホールドアップ」が生じる）。

　(ハ)　スマートフォン・パテントウォーとグーグル（モトローラ）事件　グーグルがモトローラ社携帯部門を2012年に買収したことが、標準必須特許の差止請求にFTCが介入する契機となった（その後2014年にグーグルはモトローラ携帯部門を中国レノボ社に売却した）。モトローラは携帯技術のパイオニアであるが、

携帯のスマートフォンへの進化には遅れを取った。しかし携帯技術パイオニアとして、携帯特許を多数所有する。この携帯特許取得を狙いとして、グーグルはモトローラ携帯部門を買収した。スマートフォンを巡る特許紛争（パテントウォー）においてモトローラ特許を武器とすることが主目的である。

　グーグルが開発したアンドロイド（スマートフォンとタブロイド基本ソフト）は、ロイヤルティを徴収せず無料で各メーカーに利用させたので、スマートフォン各社が相次いで採用した。アンドロイド・スマートフォンの世界売上は、アップルのアイフォーン（iOS基本ソフト）を遥かに凌ぐ。アンドロイドとアイフォーンの世界的な戦いの最前線として、アンドロイド・スマートフォンのトップメーカーであるサムスン社とアップルは、特許侵害を互いに訴え合い、大型訴訟を戦っている。

　FTCの対グーグル（モトローラ）事件は、アップルとサムスンによる大型特許侵害訴訟とは別の事件である。しかしアイフォーン対アンドロイドの戦いの一環であることは同じである。FTCが問題としたグーグルの行為は、標準必須特許についてのホールドアップである。つまり、グーグル（モトローラ）の保有する携帯特許は、単なる必須特許ではなく、標準化団体が標準に組み込んだことにより必須となった特許（標準必須特許）である。標準に組み込む見返りとして欧州電気通信標準化機構（ETSI）は、グーグル（モトローラ）にFRANDを宣言させた。このFRAND宣言を破ってグーグルは、ライセンシー（アップル、マイクロソフト等）とのロイヤルティ交渉中にアメリカ国際通商委員会に輸入禁止命令を提訴し、さらに、特許差止を裁判所に請求した[22]。このホールドアップ行為が反トラスト法違反に該当するというのがFTCの主張である。

　(二)　標準必須特許の差止請求を許容する条件　　グーグルに対するFTC同意命令で重要なのは、必須特許権者の差止請求を常に反トラスト法違反と認定するわけではなく、特許権者が適正な手順を踏んでいれば差止請求を容認する（反トラスト法違反を認定しない）ことをFTCが表明した点である。

　具体的には、次の手順を踏んだ後であればグーグルはライセンシー（標準必須特許を利用する企業）に対する差止を裁判所に請求できる[23]。①提案するライセンス条件をライセンシーにグーグルが書面で交付する、②ライセンス交渉が不調に終わった場合の仲裁方法をグーグルが提示する。FRAND条件具体化の裁

定をライセンシーが裁判所に求めた場合には、グーグルは差止を裁判所に請求しない。③合理的なロイヤルティ額をライセンシーが支払わない場合にはグーグルは差止を裁判所に請求できる。

　要するに、FRAND 条件ロイヤルティ額についての交渉を特許権者側が誠実に実施しようとしたにもかかわらず、特許利用者側が一方的に安いロイヤルティ額を主張し続ける場合には標準必須特許権者は差止請求訴訟を提起してよい（そして裁判所は差止を支持するだろう）。差止請求が標準必須特許権者には許されないという単純な基準を反トラスト法により確立すると、特許権者側がFRAND 条件の具体化交渉においてライセンシー側に対し不利になりすぎる。ライセンシー側が極めて安いロイヤルティを FRAND 額として主張し続ける場合に、標準必須特許権者側が安いロイヤルティを受け入れるように追い込まれる。この現象が「逆（リバース）ホールドアップ」である。

　リバースホールドアップを起こさせないようにするには、標準必須特許権者とライセンシーの利害をバランスさせる必要がある。本事件でのグーグル・FTC 間和解により成立したライセンス交渉手順が利益バランスのためのモデルとなる。

　FTC は2017年1月17日、クアルコムによる反トラスト法違反行為の差止を求める訴訟をカリフォルニア北部地区連邦地裁に提訴した（Case 5: 17-cv-00220）。標準必須特許について FRAND 宣言したにもかかわらず、クアルコムが、① FRAND ロイヤルティ額紛争の解決をライセンシーが裁判所に求めるのを妨げる施策（クアルコム製チップ提供拒絶）を採っている、②クアルコムの競争相手（インテル、サムスンなど）にはライセンス拒絶してきた、③アップルだけには有利なロイヤルティ額を提供することにより、注文を独占している。これらが不当な競争者排除に該当すると FTC は主張している。

　㈭　競争当局による介入は必要か　　必須特許権者からの差止請求を裁判所が常に支持する場合には、競争（反トラスト）当局による介入が必要になる。この場合には「差止請求訴訟」自体が有効な競争者排除行為となるからである。しかし、米国裁判所は上記の通り、標準必須特許には差止を支持せず、適正ロイヤルティ受領に留めることが通常である（ライセンシー側が FRAND 交渉に応じなかったなどの事情があれば差止を支持する）。

したがって民事訴訟により個別のホールドアップ問題は解決できる。また、標準必須特許を巡る争いは、公的保護が必要な一般消費者が被害者ではなく、民間企業間の紛争である。したがって、競争当局が税金を費やして介入する必要はないという見方に一定の説得性がある[24]。しかし、FTC がグーグルあるいはクアルコムに対し立件した事件のように、必須特許権者が多数の差止請求訴訟を提起している場合には、競争当局による介入に意義が認められる。

(2) EU──委員会の規制と欧州裁判所ファーウェイ判決　EU では米国とは異なり、加盟国の裁判所は eBay 判決（米国最高裁）基準を採用していない。特許権者の承諾を得ずに特許を使用すれば、特許権者からの差止請求を裁判所は支持する。EU ではホールドアップ行為に特許利用企業側が民事訴訟で対抗するのは困難なので、競争当局が公的に介入する意義が大きい。

ただし EU 加盟国の中でドイツの裁判所は、「オレンジブック」判決基準により、必須特許の差止を支持する場合を限定している（差止請求が競争法違反となる場合を示している）。したがって特許権者がドイツ裁判所に差止請求を提訴した場合、提訴された特許利用企業（ライセンシー）側は、請求が競争法違反であると主張して、反撃できる。しかし、この点についてドイツ裁判所が形成した「オレンジブック」基準では、差止を請求されるライセンシー（特許侵害企業）が何重もの煩雑な対応をした場合に限定して、特許権者側の差止請求を競争法違反とする（それに伴い、差止請求を棄却する）。特に、侵害を訴えられた特許の有効性を否定する訴訟（特許無効確認訴訟）をシーが提訴しなかったことを要件の１つとする（これと反対に欧州委員会は、特許無効確認訴訟を公益増進措置として奨励している）。このように厳格なオレンジブック基準によるので、ドイツ裁判所は差止を支持する（差止の競争法違反を否定する）場合が多い。このため必須特許権者は世界各国の中でドイツの裁判所を選択して、差止請求訴訟することが多い。

ドイツ裁判所とは異なり、EU の欧州委員会（欧州委）は、標準必須特許のホールドアップ行為に対してアメリカ反トラスト当局を上回る厳しい姿勢を打ち出してきている。標準必須特許の差止を請求した特許権者に対し、EU 競争法違反を欧州委が認定する可能性が極めて高い。競争者排除行為に対する規制であり、「支配的地位の濫用行為」として競争法102条を適用する。ただし欧州

委は、特許利用企業側が FRAND 交渉に前向きな姿勢を見せていることが、差止請求を競争法違反と認定することの前提であるとしている。この前提は上記アメリカ FTC 見解（対グーグル同意命令）と一致する。

（ｲ）　欧州委員会モトローラ事件とサムスン事件（2014年）　欧州委のモトローラ事件は、上記 FTC の対グーグル（モトローラ）同意命令事件に対応する EU 事件である。アップルからの申告に対応して欧州委が立件した[25]。標準必須特許のライセンシー（アップル）が FRAND 条件によるロイヤルティ交渉に入る姿勢を見せているにもかかわらず、特許権者（モトローラ）が裁判所に差止請求するのは、支配的地位の濫用であり、競争法に違反すると欧州委は決定した[26]。モトローラと同様の濫用行為に従事したサムスンに対しては、和解（コミットメント）手続により是正措置を命じた[27]。

モトローラがアップルに対する標準（欧州電気通信標準機構）必須特許の利用差止をドイツの裁判所に請求したことが、EU 競争法102条違反（支配的地位の濫用）に該当する（欧州委決定 para 1）。標準必須特許に関してライセンシー（アップル）が FRAND 交渉に入る姿勢をとっている場合には、差止請求を正当化できない（para 3）。シーが FRAND 交渉に入ろうとしない場合には、標準必須特許権者は差止を請求してよい。しかし本件ではシーが FRAND 交渉に前向きな姿勢を示していることが確かめられる。FRAND 交渉が不調に終わった場合にはドイツ裁判所の決定に従うとシー（アップル）が表明したためである（para 307）。なお、モトローラが請求した差止（対アップル）をドイツ裁判所は「オレンジブック」基準により支持した。しかしこれはモトローラによる差止請求を正当化する根拠とはならない。差止請求訴訟を提起するか否かについてモトローラは決定する自由を有しているからである（para 468）。

（ﾛ）　欧州裁判所ファーウェイ対 ZTE 判決（2015年）　上記欧州委員会事件の後に提訴された本件（民事訴訟）において、欧州裁判所は、FRAND 宣言した必須特許権者による差止請求に対して上記欧州委（モトローラ事件）と基本的に同じ見解を表明した。それに加えて欧州裁判所は、必須特許権者が請求する差止を支持するための条件について、ドイツ裁判所の「オレンジブック」基準とは異なる見解を表明した。欧州委よりも詳しい見解を裁判所が表明したので、本判決が上記欧州委員会決定にも増して、今後の EU での FRAND 紛争

に関する指導的見解となる。

　本事件は、標準必須特許ロイヤルティ額についての中国IT企業間の紛争である。中国企業同士であっても、世界中で競争しているので、提訴先の裁判所を世界各国から選り好みできる。特許権者側がドイツ裁判所への提訴を好む傾向が本件にも現れている（特許侵害に対し中国の特許法と裁判制度が有効に機能していないことも示している）。

　ワイヤレス・ブロードバンド通信の標準必須特許について、FRAND条件ロイヤルティ額を具体化するための特許権者と特許利用企業（ライセンシー）間の交渉が不調に終わった。それにもかかわらずシー側がロイヤルティを支払わずに必須特許を使用し続けたので、特許権者（中国の巨大IT企業のファーウェイ（華為））がシー側（中国の大手IT企業であるZTE）に対する差止をドイツ裁判所に請求した。ZTE側は反訴として、差止請求がEU競争法違反に該当することを主張した。

　ドイツ裁判所の判断では、競争法違反を理由に差止を却下するための「オレンジブック」要件（シー側がロイヤルティを支払っていることなど）をZTE社が順守していないので、ファーウェイの差止請求を裁判所は支持することになる。しかし、欧州委の上記モトローラとサムスン事件決定によれば、ファーウェイの差止請求は「支配的地位の濫用」としてEU競争法に違反する可能性がある。EU域内に広がる競争制限の審査については、ドイツ競争法（競争制限禁止法）よりもEU競争法が優先する。このため本件の差止請求がEU競争法に違反するかについての見解をドイツ裁判所は欧州裁判所に照会した。

　欧州裁判所は、本事件の状況においてはファーウェイが請求する差止を支持する（つまり差止請求をEU競争法違反とは認定しない）と表明した。しかし、今後の事件に影響するのは、本事件の結論ではなく、差止を支持するか否かについて欧州裁判所が示した基準である。オレンジブック基準よりも特許権者側に厳しい（差止請求を支持する場合を狭める）基準を欧州裁判所は示した。

　欧州裁判決によれば、[28]「標準必須特許権者によるライセンス拒絶は原則としてEU競争法違反該当の濫用に該当する」。したがって「ライセンスを得ることなく特許を利用している企業に対してであっても、必須特許権者は、その企業との交渉開始前に差止請求を行えばEU競争法102条に違反する」。FRAND

宣言した特許権者による差止請求が支持される（つまりEU競争法102条違反とは認定されない）ためには、特許権者は特許侵害者に対し具体的ロイヤルティ等のライセンス条件を提示しなければならない。特許利用企業側がそのライセンス条件に同意せず、ビジネス慣行上妥当とみなされる方法（自社が適正と考えるロイヤルティ額を特設の銀行口座に預託するなど）により対応している場合には、差止請求は許されない。ライセンス条件交渉が膠着した場合の解決は独立第三者による仲裁などによる。

(3) **日本の公取委2016年知財ガイドライン改定**　標準必須特許権者による差止請求は、日本の独禁法において、米国・EUと同じく、競争者排除行為として規制対象になり得る。差止請求等のホールドアップ行為に対し公正取引委員会（公取委）は、競争者排除行為規制ではなく、搾取的濫用として「優越的地位の濫用」規制（前章1（2）参照）を適用することもできる。しかし公取委はこれまで知財関係行為に「優越的地位の濫用」規制を適用したことがない。

競争者排除行為に対する独禁法適用条項は、①私的独占（独占行為）（独禁法2条5項）、②不公正な取引方法（2条9項）の双方である。独占行為規制が市場支配力（競争の実質的制限）認定を要するのに比べ、不公正な取引方法規制は、市場支配力を有しない企業にも適用できる。公取委はほとんどの競争者排除行為に対し不公正な取引方法を適用してきた。ただし違法決定のためには、不公正な取引方法規定であっても私的独占規定の場合と同じく、競争者排除行為が不当な性格のものであることを公取委が認定しなければならない。

(イ) **2015年までの公取委ガイドライン**　標準必須特許権者による差止請求を公取委はこれまで事件としたことがない。ただし、2つのガイドラインにおいて、標準を利用する競争者排除行為（つまりホールドアップ行為）を規制する姿勢を示した。

第一の「知的財産の利用に関する独占禁止法上の指針（知財指針）」（2007年）では、「多数の事業者が製品の規格を共同で策定している場合に、自らが権利を有する技術が規格として採用された際のライセンス条件を偽るなど、不当な手段を用いて当該技術を規格に採用させ、規格が確立されて他の事業者が当該技術についてライセンスを受けざるを得ない状況になった後でライセンスを拒絶し、当該規格の製品の開発や製造を困難とする行為は、他事業者の事業活動

を排除する行為に該当する。」と表明した。

　しかし、近年のホールドアップ行為は、自社特許を不当な方法で標準に組み入れさせた行為ではなく、正当に標準必須特許となった後に、ライセンス供与を拒絶する（それに伴い、差止を請求する）行為である。このようなホールドアップ行為に対処するには知財指針は役立たない。

　第二に、「標準化に伴うパテントプールの形成等に関する独占禁止法上の考え方（標準・パテントプールガイドライン）」（2005年）は、「標準化活動に参加し、自らが特許権を有する技術が規格に取り込まれるように積極的に働きかけていた特許権者が、規格が策定され、広く普及した後に、規格を採用する者に対して当該特許をライセンスすることを合理的理由なく拒絶する（拒絶と同視できる程度に高額のライセンス料を要求する場合も含む）こと」が独占行為あるいは不公正な取引方法として「独占禁止法上問題となる」と表明している。

　このガイドラインは、ライセンス拒絶が「合理的理由なく」行われたことを判別する基準を示していないので、違法認定基準の役に立たない。基準としては、上記米国・EUと同じ基準を公取委も採用することが妥当と考えられる。つまり、相手方がFRAND交渉に前向姿勢を示しているにもかかわらず標準必須特許権者が差止請求訴訟を提起すれば、独占行為あるいは不公正な取引方法規定に違反する旨を公取委が表明することが妥当である。

　㈡　公取委2016年知財指針改定　　上記趣旨に沿ったホールドアップ対策を公取委は2015年7月に表明した。つまり公取委は、知財指針の改定案として、標準必須特許についてFRAND宣言をした特許権者によるライセンス拒絶あるいは差止請求訴訟の提起は、ライセンシー側が「FRAND条件でライセンスを受ける意思を有している場合」には独禁法に違反すると表明した。しかし上記米国FTC対グーグル同意命令そして欧州裁判所ファーウェイ対ZTE判決は、特許利用企業（シー）側がライセンスを受ける意思を示している場合においても、一定の条件を満たせば、特許権者が差止請求することを認容すると表明している。これに比べて、公取委の知財指針改正案は「FRAND条件でライセンスを受ける意思を有する者ではないとの認定は個別事案に即して厳格になされるべきである。」としているので、米国及びEUの競争法基準に照らして、特許権者側に厳しすぎる基準である。

指針改正原案の基準では、ライセンシー側がFRAND交渉には応じるものの、あくまで低額ロイヤルティに固執し続ける「引き延ばし戦略」を採る場合に、特許権者側が「リバースホールドアップ」に直面することになり、低額ロイヤルティに追い込まれる。この趣旨を中心とするパブリックコメントが経済界・法曹界・学者（著者を含む）から公取委に寄せられた。このため公取委は指針改正の原案を改定し、米国及びEUの現行基準に沿った基準に改めた（2016年1月）。

　指針改正の確定版では、シー側が「FRAND条件でライセンスを受ける意思を有している」かについて「ライセンス交渉における両当事者の対応状況（例えば、具体的な標準規格必須特許の侵害の事実及び態様の提示の有無、ライセンス条件及びその合理的根拠の提示の有無、当該提示に対する合理的な対案の速やかな提示等の応答状況、商慣習に照らして誠実に対応しているか否か）等に照らして、個別事案に即して判断される。」（指針第3.1（1）オ）。

　この知財指針確定版は、米国及びEUの競争当局及び裁判所の見解に近づいているので妥当性を増したものとなっている。ただし、シー側が「商慣習に照らして誠実に対応しているか」を判断する基準が示されていない。このため、シー側がFRAND交渉引き延ばし戦略を採ることによる「リバースホールドアップ」のリスクが解消されていない。この点を改善するには、欧州裁判所ファーウェイ対ZTE判決を参考として、次の諸点を指針に記載することが望まれる。①シー側の「引き延ばし戦略」を許さないこと、②FRAND条件の具体化交渉が長期化し、決着しない場合には、独立第三者による仲裁に持ち込むことを両当事者が合意すべきこと。

　(ハ)　公取委による規制は必要か　　知財高裁のアップル対サムスン事件判決が既に、民事訴訟による適正なホールドアップ対策を示している（次述）。つまり、FRAND宣言をした必須特許権者による差止請求を裁判所は認めず、損害賠償請求に留め、具体的ロイヤルティ額を裁判所自身が算出した。したがって、日本では（米国と同じく）企業間の民事訴訟により、ホールドアップに対処できる。具体的には、FRAND宣言した特許のライセンシーは、必須特許権者が提訴した差止請求訴訟において、差止は認めるべきではなく、適正なロイヤルティ支払いに留めるべき旨を法廷で主張すればよいことになる。

したがって、私企業間の標準必須特許を巡る争いに公取委が経常的に介入するのは妥当ではない（例えば後述のサムスン対アップル事件に公取委が介入する必要はない）。公取委による公的介入の意義が認められるのは、特定の必須特許権者がシステマチックに多数の差止訴訟を提起している場合である。

(4) **中国独禁当局クアルコム事件――「搾取的濫用」規制**　中国独禁当局は、支配的地位を有する企業に対する搾取的濫用規制として、不当高価（知財ライセンスの場合は不当高額ロイヤルティ）を禁止する（中国独禁法17条1項）。これは、FRAND宣言が行われた標準必須特許に限定する基準ではなく、支配的地位を有する企業に対する共通規制である。搾取的濫用規制として、独禁当局が特許権者にロイヤルティ引下げを命令した事件が、国家発展改革委員会の対クアルコム決定（2015年）である。

標準必須特許権者のホールドアップ行為に対する規制として、中国独禁当局は、クアルコムがライセンス先の中国企業に課した高額ロイヤルティ（及びそれに相当するライセンス条項）を中国独禁法違反と認定し、ロイヤルティ額引下げを命令した。ホールドアップ行為を中国企業に対する「搾取的濫用」として規制したものであり、米EU日本当局が共通して発動を控えてきている「搾取的濫用」規制を中国当局がためらわず発動することを示している。

中国独禁当局（3当局中の1つの国家発展改革委員会、略称、発改委）は2015年に、クアルコムが標準必須特許の特許権を濫用して競争者を排除し、高額ロイヤルティを中国企業に課したので、中国独禁法に違反したと決定した[29]。違反に対する是正措置命令は、競争者排除の効果を有するライセンス条項を撤回させるとともにロイヤルティ額引下げをクアルコムに命じる内容である。さらに当局は、約1170億日本円相当の巨額制裁金をクアルコムに課した。

クアルコムによる独禁法違反（支配的地位の濫用）として発改委は、不当な「競争者排除」に併せて「搾取的濫用」をも認定した。発改委は、クアルコムが実施した「既に消滅した特許のロイヤルティ徴収」のみならず、非係争条項（ライセンシーが自社の特許権侵害を提訴することを禁じる条項）を、不当高価格の禁止規定（中国独禁法17条1項）違反と認定し、是正措置としてロイヤルティ引下げをクアルコムに命令した。不当高価格禁止は（不当廉売禁止とは異なり）、競争者排除行為規制ではなく搾取的濫用規制である。しかし、非係争条項は搾

取的濫用としてではなく、「競争者排除行為」として規制することが米国・EU・日本の競争当局に共通する（本書次章6（2）参照）。「競争者排除行為」規制においては、違反企業に対する是正命令は競争者排除行為を取り止めさせることであり、価格引下げ命令ではない。中国クアルコム事件は、ロイヤルティを引き下げさせる目的から、発改委が搾取的濫用規制を発動した点に特色がある。

　標準については必須特許権者を代替できる取引先を特許利用企業（ライセンシー）が獲得できないので、標準必須特許権者が市場支配力を有している。同じ見方から、中国クアルコム事件において発改委もクアルコムが市場支配力を有することを認定した。

　市場支配力認定の場合とは異なり、高額ロイヤルティについての対応は米国連邦取引委員会及び裁判所（欧州委員会・裁判所も同様）と中国当局間に質的な差異がある。標準必須特許に関する米国連邦取引委員会審決及び諸判決に共通して、高額ロイヤルティ自体に不当性（あるいは濫用）を認定しているわけではない。FRAND宣言はロイヤルティを「合理的」な額にする約束にとどまるからである。

　ライセンシー側にとっては異常に高額と思えるロイヤルティ額であっても、特許権者側は自分の特許は特に価値があるので、その額が合理的だと主張できる。米国連邦取引委員会審決及び諸判決は、特許権者側がライセンシーとのFRAND条件のロイヤルティ額交渉を打ち切って、差止請求訴訟を提起することが不当な競争者排除行為に該当するとしている（マイクロソフト対モトローラ判決）。この反面として、特許権者が正当な手続を踏んでいれば、差止請求訴訟の提起は反トラスト法（EU競争法も同じ）に違反しない。

　この米国・EU共通見解とは異なり、中国クアルコム事件で発改委は、クアルコムがライセンシーに課した「特許消滅後のロイヤルティ徴収」及び「非係争条項[30]」を競争者排除行為ではなく、不当な高価格設定（中国独禁法17条1項）に該当すると認定した（それに伴い、ロイヤルティ引き下げ命令を発した）。これは競争者排除行為規制ではなく、搾取的濫用規制である。しかしこの違反決定には搾取的濫用規制に共通の弱点がある。価格水準自体の正当・不当判定は主観的にならざるを得ない。クアルコムとしては、自社特許の価値が高いので、

FRAND における合理的価格の要件をロイヤルティ額が満たしていると主張できる。

　そのうえ、中国クアルコム事件で発改委は、クアルコム特許の適正ロイヤルティ額を米国（マイクロソフト対モトローラ判決）・日本（サムスン対アップル事件知財高裁判決）の基準から導いたわけではない。発改委の是正措置は「相対的に高額のロイヤルティを徴収してはならない」とクアルコムに命令しただけであり、引き下げによる具体的なロイヤルティ額は、発改委とクアルコム間の交渉（事実上の和解）によって決定された。新ロイヤルティ額を導いた基準が公表されていないので、価格引下げの論理が不明である。

　クアルコムは、日本と韓国の公正取引委員会による事件では審判あるいは裁判所への上訴により当局決定を争ったにもかかわらず、中国事件では発改委の決定を中国裁判所に上訴しない道を選択した。これには、標準必須特許権者の高ロイヤルティ額を違法とする民事訴訟判決を既に中国裁判所がファーウェイ（華為）対 IDC 事件において下していたことが影響していると考えられる（後述、本章第 8 節（5））。

　2016年12月21日、韓国公正取引委員会は、クアルコムが韓国独禁法に違反したと決定し、約977億日本円相当の制裁金を課した。クアルコムが FRAND 宣言したにもかかわらず、不当なライセンス条件（高額すぎるロイヤルティ等）をライセンシーに強制したことを主な違反理由としている。

7　民法上の権利濫用論と標準化ホールドアップ

　日本では、標準必須特許権者のホールドアップ行為（差止請求訴訟・ライセンス拒絶・高額ロイヤルティ要求）に公取委が独禁法を適用した事例は存在しない。ホールドアップが日本で争われた事例は、民事訴訟のアップル対サムスン事件であり、独禁法ではなく、民法上の「権利濫用」事件として争われた。また米国でも、民事手続の特許侵害訴訟において、裁判所が必須特許の差止を支持せず、ロイヤルティ支払命令に留めることにより、ホールドアップに対処してきている。

　特許権者によるホールドアップ行為の相手方となった特許利用企業（ライセ

ンシー）は、差止請求などが不当なホールドアップであると反論できる。反論の法的根拠として、ホールドアップ行為が競争法（独禁法）に違反することだけでなく、民法違反（契約違反あるいは不法行為）も主張できる。競争法違反の主張については、民間企業間の民事訴訟に留まらず、競争当局による公的介入も行われる。これに比べて、民法違反は民事訴訟においてのみ主張できる。

(1) ホールドアップに対する民法上の対処——契約法と不法行為法　特許権者によるホールドアップ行為に特許利用企業（ライセンシー）側が法廷で反撃する場合、競争法と民法のいずれかによって、ホールドアップ行為が不当であることを裁判において主張することになる。

(イ) 契約法違反　ホールドアップ行為を巡る民事訴訟において特許利用企業（ライセンシー）側が競争法よりも民法を援用することが有利なのは、特許権者が標準化団体に対する約束（FRAND宣言）に違反したことが明らかな場合である。標準化団体は、構成員企業の特許を標準中に採用する条件として、第一に特許開示を義務づけ、第二にFRANDを約束（宣言）させる。この約束（つまり特許権者と標準化団体間の契約）を特許権者が破ったことが明らかな場合は、競争法よりも契約不履行（日本の民法では415条）を裁判で主張する方が直接的である。

しかし、特許権者があからさまな形でFRAND宣言あるいは特許開示義務を破る事態は考えにくい。実際に事件となった例では、特許権者が巧みに行動することにより、契約不履行とは判定し難くしている。このため、民法により契約不履行とは認定できなくても、競争法上は不当な競争者排除行為と認定できるのかが争われた。この典型事例が米国ランバス事件である。

ランバス社は、半導体標準化団体に加盟している間に標準化作業の情報を取得した。その後に標準化団体を脱退して自社半導体を開発し、標準化技術がランバス製半導体特許に抵触するようにした。ランバスは途中で標準化団体を脱退しただけでなく、「継続出願[31]」という米国特許特有の仕組みを利用することにより、標準化団体との契約（約束）には違反していないと裁判所に納得させることに成功した。

裁判所判決の前に、米国連邦取引委員会（FTC）は、ランバスの契約不履行を民法上は認定できない場合であっても、反トラスト法違反の競争者排除行為

は認定できるとする審決を下していた。しかし控訴裁判所はFTC審決を覆し、ランバス側を支持した[32]。ランバス事件のようなホールドアップ行為に対応するのに、民法の契約不履行規定の効力には限界があることをランバス判決が例証している。

　しかし、近年のホールドアップ事例はランバス型ではなくなっている。自社特許を標準に組み入れてもらい、FRAND宣言をした後に、FRAND条件に合致しているとして極めて高額のロイヤルティを特許利用企業（ライセンシー）に要求し、それに応じないシーに対し差止請求訴訟を提起する行為が近年のホールドアップである。このようなホールドアップ行為に対し、FRAND宣言を破ったことを理由として、民法上の契約不履行を認定できるかが問題となる。この問題について米国では、FRAND宣言を行った特許権者による差止請求は、シー側がFRAND条件のロイヤルティ額交渉に誠実に対応している場合には、FRAND宣言の趣旨に反するので、違法（契約法と反トラスト法の双方）であるとされてきている。

　しかし、日本では米国とは異なり、FRAND宣言した特許権者が提起した差止請求訴訟に特許利用企業側が契約法違反として反撃することを知財高裁が否定した。つまり、差止を請求することはFRAND宣言の違反であり、したがって契約法（契約不履行についての民法415条）違反であるとする特許利用企業（アップル）側の主張を知財高裁（アップル対サムソン判決）[33]が斥けた。これは、FRAND宣言が特許権者による標準化団体に対する約束ではあるものの、個別のシーに対する約束ではないとする見方からである。判決文によれば「本件FRAND宣言がライセンス契約の申込みであると解することはできない」（知財高裁サイト判決文121頁）。このため日本では、FRAND宣言した特許権者による差止請求訴訟に対し、特許利用企業側は民法上の反撃として、契約違反ではなく、権利濫用を主張することになる。権利濫用の判断においてFRAND宣言の存在が決定的役割を果たすことを知財高裁が示した（次述）。したがって契約法を用いることができないことによる実質的な不利は特許利用企業側にもたらされていない。

　㈹　権利濫用　　差止請求を代表とする特許権者のホールドアップ行為に対する反撃として、特許利用企業側が利用できる日本の民法規定は契約規定だけ

ではない。信義誠実原則及びそれに伴う「権利濫用」規定を利用できる（民法1条2項と3項）。「権利の濫用」については様々な状況（賃貸借契約など）ごとに判例基準が形成されてきている。必須特許権者によるホールドアップ行為に対する「権利濫用」判定は新規の問題なので、内外の民法・特許法・競争法事例をすべて動員して濫用の判定基準を創成する必要がある。

　米国では最高裁eBay判決が、特許侵害訴訟一般について差止を限定する基準を示した。それを受けて、FRAND宣言した特許権者が提訴した差止請求は裁判所が支持せず、ロイヤルティ支払に留めることを判示し、具体的ロイヤルティ額を算定した判決も現れた（ワシントン州連邦地裁判決）。さらに、反トラスト法による競争当局介入として、FTCはグーグル（モトローラ）事件において、差止を支持すべき場合の詳細基準も提示した。

　これらの米国事件は、必須特許権者によるホールドアップ行為の不当性判定基準は、民法基準と競争法基準が一体化していることを示している。まさしく日本初の標準必須特許ホールドアップ事件（アップル対サムスン）は、米国と同じ道筋を日本が辿っていることを示している。アップル対サムスン事件は民事訴訟であり、独禁法ではなくもっぱら民法の「権利濫用」規定が用いられた。しかし、知財高裁は（第三者からの意見募集を通じて）、必須特許FRAND宣言について米国の民事判例だけでなく、反トラスト法上の議論を活用した。

(2)　知財高裁アップル対サムスン判決——「権利濫用」論　　スマートフォンの標準必須特許を巡るアップル対サムスンの世界的な特許戦争が日本においても提起された（2013年アップル対サムスン事件東京地裁判決[34]）。アップルが提起したこの訴訟は、米国及びEUでのアップル対サムスン事件と共通する事実関係を対象とする。まず、サムスン特許をアップルのアイフォーンが侵害したことを理由とする損害賠償請求をサムスンが東京地裁に提起した（損賠賠償請求の前にサムスンは、アップルに対するサムスン特許利用差止請求を東京地裁に提起した）。これにアップル側が反訴したのが本事件である。サムスンが提起した差止請求に対する反撃としてアップルは、独禁法については「独占禁止法違反にもなり得る」と指摘したものの、主張を展開することはせず、もっぱら民法の権利濫用条項（1条3項）違反について主張を展開した。

　第一審の東京地裁は、標準必須特許の利用差止請求（それに続く損害賠償請

求）について民法の権利濫用条項を適用して判断を示した。地裁はまず、サムスン特許が標準必須特許であることを認定した。サムスン特許は、欧州電気通信標準化機構（ETSI）が３G標準（携帯・スマートフォン通信第３世代規格）に組み入れた特許の１つである。特許組み込みの見返りとして、ETSIはFRANDをサムスンに宣言させた。

サムスンによる損害賠償請求が権利濫用に該当すると地裁は認定し、その理由として次を指摘した。「［FRAND］条件によるライセンスを希望する申出があった場合…［FRAND］条件でのライセンス契約の締結に向けた交渉を誠実に行うべき義務を［サムスンは］負う…」。それにもかかわらずサムスンは「［FRAND］条件でのライセンス契約の締結に向けて、重要な情報をアップル社に提供し、誠実に交渉を行うべき信義則上の義務に違反した…」[35]。

FRAND宣言した特許権者による差止請求は、特許利用企業がFRAND交渉に応じている場合には、請求を裁判所が支持しないという米国の判例基準が、民法上の権利濫用の判定基準として本判決で採用されている。ただし米国判例では、裁判所は差止を否定するが、その代わりに、FRAND条件を満たすロイヤルティ額を損害賠償額として特許権者に与える（ワシントン州連邦地裁判決）。米国・EU競争法が形成してきた基準を参照すれば、必須特許権者（サムスン）による損害賠償請求を不当とするのは妥当ではない。FRAND条件のロイヤルティ額（損害賠償額）交渉をアップルと実施することをサムスンに指示することが求められる。両者で合意が成立しないことが明らかな場合には、具体的ロイヤルティ額を裁判所が決定することが妥当である。

まさしく、この批判に沿った趣旨の判決を、地裁判決に対するサムスンの上訴を受けた知財高裁は下した（2014年）。①サムスンが差止を請求することは権利濫用である[36][37]。しかし、②FRAND条件のロイヤルティ額を損害賠償として請求することは正当である[38]（高裁判決は、適正なロイヤル交渉手順実施を当事者に指示するのではなく、具体的なFRANDロイヤルティ額を損害賠償額として裁判官が算出した——次節参照）。

8　FRAND宣言特許の合理的ロイヤルティ額

　FRAND宣言した特許権者による差止請求は支持しないとする判例により、ホールドアップをかなりの程度抑えることができる。しかしFRAND条件（つまり「合理的」）ロイヤルティの具体額を導く基準をFRANDは示していない。標準必須特許権者と特許利用企業（ライセンシー）間で、FRAND条件（合理的）ロイヤルティ額を具体化するための交渉が膠着する場合はしばしば生じる。この場合には、訴訟に持ち込んで裁判官に合理的ロイヤルティ額を裁定してもらうか、独立第三者による仲裁に持ち込む必要がある。

　標準必須特許についての合理的ロイヤルティ額は、通常の特許の合理的ロイヤルティ額についての判例をそのまま適用するべきではない。FRAND宣言がなされたことを前提とする基準が必要であり、実際にその考え方による基準が米国で形成された。

　(1)　**特許一般についての合理的ロイヤルティ額**　　FRAND宣言特許ではない、通常特許の「合理的ロイヤルティ額」については、特許侵害を理由とする損害賠償訴訟において米国裁判所が判例を積み重ねてきた。「ジョージア・パシフィック」判決[39]が示した基準——15要素の総合考慮により損害賠償額を導く——が指導基準であり、裁判所はこれにしたがって損害額を算出してきている。しかし、15もの要素を列挙するので総花的であり、基準の具体性に欠けている。

　FRAND宣言特許のロイヤルティ額算定のためにジョージア・パシフィック判決基準より役立つのは、もう1つの判例基準である「仮定ロイヤルティ交渉」基準である。つまり、特許侵害の場合にはロイヤルティ額交渉が行われなかったわけであるが、もしロイヤルティ交渉が行われたとしたら成立したと考えられるロイヤルティ額を損害賠償額とする基準である。

　(2)　**標準必須特許についての合理的ロイヤルティ額**　　この「仮定ロイヤルティ交渉」は、特許が標準に組み込まれた「事後」の交渉ではなく、組み込み特許を標準化団体が決定する「事前」段階の交渉でなければならない。複数候補の中からどの特許を標準に組み込むのかを標準化団体において検討している段階における合理的額としてロイヤルティ額を算出する。[40]

標準に組み入れる特許を標準化団体が決定した後の段階におけるロイヤルティ額交渉を基準としてはならないのは、標準成立後にはその標準に組み入れられた特許が業界企業の研究開発・製造に必須の特許になるからである。標準成立後は、必須特許権者が標準利用企業との交渉において優位に立つので、高額ロイヤルティを獲得できる。

これに対し、標準化団体が組み入れ特許を決定するより前の段階では、標準への自社特許組み入れを求める特許権者間の競争がある。この価格競争のおかげで、高額のロイヤルティを要求する特許権者は、標準組み入れ特許として標準化団体（その幹事会）が採用する確率が低まる。

この論理は、標準化団体構成員となった特許権者に限定されるわけではない。標準化団体は特許権者との交渉により、その特許を標準に組み込むか否かを決定するので、標準組み入れ特許に適用するロイヤルティ算定法（つまりFRAND条件ロイヤルティ額の算定方法）を、標準化団体の外部企業にも適用することが通常は求められる[41]。

(3) **必須特許の個数割りによる合理的ロイヤルティ額**　「仮定ロイヤルティ交渉」によって成立するロイヤルティ額については、多くの米国判例が「25％ルール」（侵害特許を含む製品の販売から得られる利益の25％を合理的ロイヤルティ額の目安とする）を採用してきた。しかし「25％ルール」は標準必須特許（つまりFRAND宣言特許）には適用すべきではなく、格段に低いパーセントとする必要がある。1つの標準が組み込む必須特許数は数百にのぼることが通常なので、差止請求がなされた特許は標準化製品を構成する数多くの特許の極小部分にすぎないからである。

この見方を控訴裁 Uniloc 対 Microsoft 判決（2011年）が表明した[42]。判決によれば、標準に組み込まれる標準必須特許は多数にのぼるので、その中の1つにすぎない特許の侵害に対する賠償金は、製品全体の価格のパーセンテージではなく、その製品に個別の特許が貢献している割合として導く必要がある。つまり、標準に組み込まれる特許数が多いほど、単一特許の合理的ロイヤルティ額は低くなる。この見方は近年に相次いで出された判例により確立した[43]。

(4) **米国判例と日本知財高裁判決の共通論理**　上記の合理的ロイヤルティ額算出基準を総合して、具体的ロイヤルティ額を導いた代表的判決がマイクロ

ソフト対モトローラ判決 (2013年) である。そして日本の知財高裁アップル対サムスン判決 (2014年) は、米国での論説と判例を参照することにより、マイクロソフト対モトローラ判決と共通する論理により合理的ロイヤルティ額を導いた。

　(イ) 米国マイクロソフト対モトローラ判決　米国のマイクロソフト対モトローラ事件 (ワシントン州地区連邦地裁)[44] では、FRAND 宣言した必須特許 (通信技術の IEEE 及び ITU 標準) の「合理的」ロイヤルティ額として、モトローラがマイクロソフト製品 (X ボックス) 価格の2.25％を要求した。この要求額が高額すぎるので FRAND 宣言に反するとしてマイクロソフトが提訴した。

　判決は、FRAND 条件を満たす (つまり合理的) ロイヤルティ額は「仮定ロイヤルティ交渉」から導かれるロイヤルティ額であるとし、その額はジョージア・パシフィック判決基準によるものの、FRAND 宣言の特性 (必須特許のロイヤルティ積み上げを避ける目的など) により修正された額になるとした。

　モトローラとマイクロソフト双方が参加したパテントプール (MPEG LA プール) が設定した一括ロイヤルティ額が FRAND 条件ロイヤルティ額の指標になる。プールの一括ロイヤルティ額は次の相反する 2 目的をバランスさせるように設定されているからである。①標準化団体に参加する企業を増やすためにはロイヤルティ額を充分高く設定しなければならない。②標準を利用する外部企業を増やすためにはロイヤルティ額をできるだけ低く設定しなければならない (「ロイヤルティ積み上げ」問題を解消するためである)。

　プール幹事会が一括ロイヤルティ額決定の際に実施するバランス判断は、標準必須特許 FRAND 宣言の趣旨と一致する。ただし、プール構成員企業が受け取る個別ロイヤルティ額は、プール組み込み特許数で均等割されるので、特許ごとの価値差を無視している。この点を調整した結果、モトローラが受け取るべき FRAND ロイヤルティ額は、プールの場合に受け取るロイヤルティ額の 3 倍となる。この額はモトローラの 2 特許それぞれについて、マイクロソフト製品 (X ボックスなど) 1 台当たり0.555セントそして0.8セントである。

　(ロ) 日本知財高裁アップル対サムスン判決　日本での知財高裁サムスン対アップル事件判決 (2014年)[45] は、米国マイクロソフト対モトローラ判決と共通する見方から、FRAND 宣言した特許の合理的ロイヤルティ額を算出した (飯

村敏明裁判長はじめ知財高裁裁判官は、審理に先立って公募した内外意見を参照することにより、米国最新理論と共通する見解を導いた)。

　FRAND条件を満たすロイヤルティを支払う意思をアップルが表明していたので、サムスンが特許利用差止を請求することは権利濫用として許されない。ただしサムスンは、FRAND条件ロイヤルティ額を受け取ることは許される。そのFRANDロイヤルティ額を導くために知財高裁が示した算定法は、米国マイクロソフト対モトローラ判決の方法と共通する。つまり、サムスン所有の必須特許が標準技術に貢献した割合を推定したのであり、次の道筋を辿ってFRAND条件ロイヤルティ額を導いた。

① アップルのアイフォーン（その価格）に欧州電気通信標準化機構（ETSI）標準（UMTS標準）が貢献した割合を算出する。本件対象製品であるスマートフォンがモバイル通信以外の機能を多く含んでいることなどを総合的に考慮して、少な目の数値（具体的数値は伏せ字になっている）を貢献割合とする。

② 次に、「必須特許に対するライセンス料の合計額（累積ロイヤルティ）を経済的に合理的な範囲内に収める必要がある」（この判旨は「ロイヤルティ積上げ」を回避する必要性を意味している）。この必要性から、本件でのアップルとサムスンの主張及びUMTS標準利用企業の意見を考慮して、アイフォーン価格へのUMTS標準の貢献割合の中の「5％」を必須特許（サムスン社以外の特許を含めた必須特許総数）ロイヤルティ総額の上限とする。[46]

③ 次いで、必須特許総数に占めるサムスン特許の貢献割合を算出する。UMTS標準技術においてサムスン特許の貢献度が特に高いことは示されていないので、貢献割合は、必須特許の全数にサムスン特許が占める個数割合による。[47]「UMTS規格［標準］の必須特許の個数は、529個」であるところ、サムスン所有の必須特許数は1個なので、サムスン特許の貢献割合は、1/529である。したがってサムスン特許のFRAND条件ロイヤルティ額は、次により算出される——［対象アイフォーンの売上金額］×［UMTS標準の貢献割合］×［5％］×［1/529］。サムスンが受け取る具体的FRAND条件ロイヤルティ総額は、2種のアイフォーンそれぞれについて、9,239,308円及び716,546円となる。[48]

(5) **中国ファーウェイ対 IDC 判決**　中国での民事訴訟において裁判所がFRAND ロイヤルティ額を決定した。上記米国マイクソフト対モトローラ判決に先立つ判決であり、世界で最も早く FRAND ロイヤルティ額を決定した判決である。しかし、FRAND 中の「合理的」要件ではなく、「無差別」要件に着目した判決であり、理由の説明が不透明なため、他国の参考にはなりにくい。

民事訴訟のファーウェイ（華為）対 IDC 判決[49]において、被告の IDC（Inter Digital Company）は米国 IT 企業であり、標準必須特許（携帯通信標準）を世界各国と中国 IT 企業にライセンスしていた。原告のファーウェイ（中国の最大手 IT 企業）は、IDC がファーウェイに課したライセンス条項が不当であり、さらに、標準必須特許の FRAND ロイヤルティ額が不当に高すぎるので、中国独禁法違反の「支配的地位濫用」行為に該当するとして、中国の裁判所に提訴した。ファーウェイは裁判所に違反行為の差止及び損害賠償を求め、更に別に提訴した訴訟において、裁判所が FRAND の適正ロイヤルティ額を設定することを求めた。

地裁判決（2011年）を広東省控訴裁判決（2013年）が支持した。第一に、対象が標準必須特許である（したがって代替特許がない）ことから IDC の支配的地位を認定し、第二に、IDC が課したグラントバック義務及び差別的取り扱い（差別的高額のロイヤルティ）が違法な濫用行為であることを認定した。結論として判決は、IDC による支配的地位の濫用を認定し、2千万人民元の損害賠償額支払いを IDC に命令した。判決はさらに、FRAND を満たす適正ロイヤルティ率がファーウェイ製品価格の0.019％であると決定した。

FRAND 価格算定のため判決は、FRAND 要件中の「無差別」性に着眼した（FRAND 要件中の「合理性」からのロイヤルティ額決定は考慮要素が多大なので困難と表明した）。つまり、特定ライセンシー（本件ではファーウェイ）に対するロイヤルティ額が他のシー（アップルやサムスン）に対するものに比べて高額であれば、その特定シーは差別的に不利な取り扱いを受けたと考えられる。そして、IDC がファーウェイに対して課したロイヤルティ額は、アップルとサムスン等他社に課した額に比べて顕著に高額であった。IDC による対アップルのロイヤルティ率が製品価格の0.0187％であることから、判決は、対ファーウェイ（及び他の中国企業）の適正ロイヤルティ率上限を（対アップルとほとんど同率の）

0.019%と決定した。

しかし、FRAND要件中の「無差別」は、特許権者が各ライセンシーに対し機械的に同額のロイヤルティを課すべきことを意味しない。使用量などの条件が異なるシーに対しては、異なる条件を反映して異なるロイヤルティ額を課すことが特許権者に許される。本件中国判決は、中国企業に対しアップルに対する率とほとんど同率のロイヤルティ額をIDC（標準必須特許権者）が設定すべきとしているが、そう決定した理由が説明されていない。

1) Lemley, M.A. (2009), "An Estoppel Doctrine for Patented Standards", 97 Cal. L. Rev. 1, 10.
2) FTC (2011), *The Evolving IP Marketplace: Aligning Patent Notice and Remedies with Competition*, pp.51-54.
3) Chien, C. (2012), "Patent Assertion Entities", FTC PAE-Workshop.
4) Dell Computer Corp., FTC Consent Decree (November 22, 1995).
5) Rambus v. Federal Trade Commission, 522 F.3d 456 (DC Cir. 2008).
6) Lemley, M.A. and Shapiro, C. (2006), "Patent Hold-up and Royalty Stacking", Stanford Law School, John M. Olin Program in Law and Economics Working Paper No. 324, p.14.
7) In Re. Rambus, FTC Initial Decision (2004), p. 270.
8) Horizontal Cooperation Guidelines (2011), para 299（標準技術ライセンス上の最も制限的条件［ロイヤルティ額上限など］が事前開示されていれば、原則としてEU競争法に違反しない。事前開示においては、標準組み込み知財の技術的内容のみならずロイヤルティ額をすべての標準団体構成員に通知しなければならない）。
9) Id. para 327 (Example 3).
10) Lemley, M.A. (2002), "Intellectual Property Rights and Standard-Setting Organizations", 90 Cal. L. Rev. 1889, 1905.
11) FTC, In Re. Rambus, Initial Decision, para 1126.
12) Teece, D.J. and Sherry, E.F. (2003), "Standards Setting and Antitrust", 87 Minn. L. Rev. 1913, 1957-58.
13) 加藤恒（2003）「技術標準とパテントプール その実態と課題」知的財産研究所、132頁（特許権者にFRAND宣言させるのが各標準化団体のIPRポリシーであるが、どの程度が合理的ロイヤルティ額なのかがあいまいなので、ロイヤルティ高騰のおそれが生じている）。
14) Apple, Inc. v. Motorola, Inc., 869 F. Supp. 2d 901 (N.D. Ill. 2012).
15) Id. at 914.
16) eBay Inc. v. MercExchange, L.L.C., 547 U.S. 388 (2006).
17) eBay最高裁判決以前においても、特許侵害を認定した場合に裁判所が差止めを必ず支持しなければならないわけではなかった。差止めを支持するか否かを裁判所は「衡平equity」の原則により決定してきた。しかし実施例としては、特許侵害訴訟に勝訴した特許権者に連邦控訴裁判所（CAFC）が特許利用の差止めを事実上すべての事例に認めてきた（Lemley and Shapiro, 2006, p.34）。このCAFC慣行を最高裁eBay判決は否定することにより、衡平原則を確認した。
18) Broadcom Corp. v. Qualcomm Inc., 501 F.3d 297 (3d Cir.2007).
19) Id. at 315.

20) Id., at 314-15. ただし、判決は「FRAND を守るという虚偽の約束を特許権者が意図的に行った」ことが不当であるとしている (Id. at 314)。この要件を厳格に解すると、FRAND を約束した時点で虚偽の意図をライセンサーが有していたことを原告（ライセンシー）が立証することが必要になる。しかし、これは必要以上に厳格すぎる要件である。FRAND 宣言の時点で虚偽の意図がなかったとしても、その後に約束を破ったことだけで不当性は満たされていると考えるべきである。次述グーグル事件で連邦取引委員会はこの見方を採用している。
21) 同意命令手続を用いず、違反決定手続により反トラスト法違反を決定した場合でも、ハードコアカルテル以外の行為であれば米国当局は制裁（刑事罰）を課さず、是正措置を命令するだけである。ただし、違反行為の被害者は損害賠償訴訟を提起できる。
22) FTC, Analysis of Proposed Consent Order to Aid Public Comment, at 3 (Jan. 3, 2013).
23) Id., at 6-8.
24) Joshua Wright（当時は FTC 委員）と D.H. Ginsburg（連邦控訴裁判事）による公取委知財指針改定案に対するパブリックコメント（FTC Website 2015年8月3日）がこの趣旨を述べている（ホールドアップには契約法により対処できるので、独禁法による公正取引委員会の介入は過剰規制である）。
25) 標準必須特許についての事件として、モトローラ事件に先立って、クアルコム事件がある。しかし欧州委員会は審査を打ち切った（2008年）。携帯電話メーカー（ノキア、エリクソン、NEC、パナソニック等）が、クアルコム所有の標準必須特許のロイヤルティが不当に高額であるとして欧州委員会に訴えた事件である。欧州委は審査を開始したが、ノキア等とクアルコム間で和解が成立した。
26) Commission Decision of 29.04.2014, C (2014) 2892——Motorola Mobility LLC.
27) Commission Decision of 29.04.2014, Case AT.39939-Samsung.
28) C-170/ 13 Huawei v ZTE, EU:C:2015:477（Judgment）.
29) 国家発展改革委員会 行政処罰決定書［2015］1号（2015年2月9日）〈http://www.ndrc.gov.cn/gzdt/201503/t20150302_666209.html〉。以下の引用は英訳版（Norton Rose Fulbright, *Competition Law in East Asia*, Issue 74, 1 April 2015）による。本事件の詳細について、滝川敏明（2015）「標準必須特許の高額ロイヤルティと排他的ライセンス条項—中国クアルコム事件の日米韓 EU との比較」国際商事法務43（11）、1617-28頁。
30) 無償ライセンスバックと非係争条項を発改委は別個に扱っているが、両者は同一の性格を有する。
31) 「継続出願 continuing patent application」とは、特許を取得して特許の優先権を確保した上で、さらに広い内容の特許を得ることを目指して特許申請を継続することである（米国特許法に特有の制度）。継続出願中に出願内容を変更することにより、ランバスは、標準化団体が設けた標準技術が自社特許に抵触するようにした。
32) Rambus v. Federal Trade Commission, 522 F.3d 456 (DC Cir. 2008).
33) 知財高裁2014年5月16日判決（アップル対サムスン事件）判時2224号89頁、知財高裁サイト判決文〈http://www.courts.go.jp/app/files/hanrei_jp/207/084207_hanrei.pdf〉。
34) 東京地裁2013年2月28日判決、判時2186号。
35) 同上、裁判所サイト判決文106頁。
36) 知財高裁2014年5月16日判決（前掲注33）。
37) 「FRAND 宣言の目的、趣旨に照らし、同宣言をした特許権者は、FRAND 条件によるライセンス契約を締結する意思のある者に対しては、差止請求権を行使することができないという制約を受けると解すべきである」。また、「FRAND 宣言をしている抗告人［サムスン］による本

件特許権に基づく差止請求権の行使については、相手方［アップル］において、［サムスン］が本件 FRAND 宣言をしたことに加えて、［アップル］が FRAND 条件によるライセンスを受ける意思を有する者であることの主張立証に成功した場合には、権利の濫用（民法 1 条 3 項）に当たり許されないと解される。」（知財高裁サイト判決文129頁）。
38）「特許権者が、FRAND 条件でのライセンス料相当額の範囲内で損害賠償金の支払を請求する限りにおいては、当該損害賠償金の支払は、標準規格に準拠した製品を製造、販売する者の予測に反するものではない。」（知財高裁サイト判決文 129頁）。
39) Georgia-Pacific Corp. v. United States Plywood Corp., 318 F.Supp. 1116, 1120 (S.D.N.Y.1970).
40) Apple Inc. v. Motorola Mobility Inc., 869 F.Supp.2d 901, 913 (N.D. Ill. 2012)（ポズナー判事）。
41) Hovenkamp, H. (2012), "Competition in Information Technologies", U Iowa Legal Studies Research Paper No. 12-32, pp.12-14.
42) Uniloc USA, Inc. v. Microsoft Corp., 632 F. 3 d 1292, 1320 (Fed. Cir. 2011).
43) 例えば、Apple Inc. v. Motorola Mobility Inc., 869 F.Supp.2d 901, 912 (N.D. Ill. 2012)。
44) Microsoft Corp. v. Motorola, Inc., 2013 WL 2111217 (W.D.Wash) (April 25, 2013), affirmed by 795 F.3d 1024 (9th Cir. 2015).
45) 知財高裁2014年5月16日判決（平成25年（ラ）第10007号）、知財高裁サイト判決文〈http://www.ip.courts.go.jp/vcms_lf/H25ne_0043_zen1.pdf〉。
46) 同上知財高裁サイト判決文144頁。
47) 知財高裁サイト判決文141頁。
48) 知財高裁サイト判決文146頁。
49) 控訴審判決―広東省高級人民法院判決（2013年10月21日）中國廣東高院對本案［第305號］。第一審判決―深圳市中級人民法院判決（2011年12月6日）。

第5章　知財ライセンス条項と競争法・独禁法

　本章では、知財権者が設ける「ライセンス条項」に競争法がどのように適用されるかを説明する。「ライセンス条項」とはライセンス（知財利用の許諾）契約に際して知財権者が知財利用企業（ライセンシー、以下「シー」）に課す制限条項である。この制限が「競争者間協調」（本書第2章）あるいは「競争者排除」（本書第3章）のいずれかに該当する場合があるので、競争法適用の問題が生じる。

　知財ライセンスの競争法上の問題のほとんどは技術（テクノロジー）取引に関して生ずる。したがって第一に、最も重要なのは特許のライセンスである。次いで、営業秘密（ノウハウ）、そして「ソフトウエア著作権」ライセンスが特許ライセンスと共通する問題を発生させる（以下では特許に絞って検討するが、営業秘密とソフトウエア著作権についてもほとんど同じ説明が該当する）。

　米国EU日本中国の競争当局は知財ライセンス条項に対する競争法基準を「知財ガイドライン」として公表し、企業コンプライアンス（社会的責務を自主的に遵守すること）の指針としている。

　新技術を発明することにより特許を取得した企業は、特許から利益を得るために自ら製品製造に乗り出す必要はない。特許を売却する必要もない。特許権は保持し、利用権だけを他企業にライセンス（日本の特許法用語では「実施許諾」）し、ライセンス料（ロイヤルティ）を得ることにより利益を確保できる。ライセンスにより製造企業の数が拡大するので、特許権者だけが製造する場合よりも、新技術の製品が世間に早く広まる。ライセンス制度は特許権者に利益をもたらすだけでなく、公益を増進している。

　特許ライセンスは「排他的ライセンス exclusive license」と「非排他的ライセンス non-exclusive license」の2種類に分けられる。排他的ライセンスでは、特定のシーに専属的に特許利用権を与え、他のシーを出現させないだけでなく、特許権者自体も対象特許を利用しない。[1]シーにとっては、排他的ライセ

ンスを得れば、安心してライセンス技術に資金を投資して商品を開発できる。ただし、排他的ライセンスを供与する特許権者は、供与相手のシーが特許を行使できる用途・地域を限定する内容のライセンス条項を課すことが通常である。その限定領域以外においては特許権者が自ら特許を利用する、あるいは他のシーに特許利用権を与えるためである。

　競争当局が法適用を検討するのは、ほとんどが排他的ライセンスの場合であり、非排他的ライセンスはほとんど問題としない。ただし、排他的ライセンスに競争当局が敵対的立場を採っているわけではなく、総合的に利害を検討して違法・合法を判定する。

　特許権者（ライセンサー）とシーは、ライセンス料（ロイヤルティ）とライセンス条件（シーの行動を制限する諸規定）について話し合い、合意内容を契約として「ライセンス条項」にとりまとめる。契約は当事者間の合意により成立するので、嫌な場合は契約しなければよい。しかし合意とはいっても、特許権者側はライセンスしないという選択肢を有するのに対し、シー側は契約を拒否すれば製造に乗り出せない。ライセンス条項の決定権は特許権者が握っている。シーの行動を制限するライセンス条項が競争制限効果（競争者間協調あるいは競争者排除）を発揮する場合があるので、競争法規制が実施されてきている。

　特許権者とシーが競争しないように協調することを取り決めるライセンス条項には、競争法の「競争者間協調」（水平的制限）規制（本書第2章）が適用される。シー（及びシー以外の競争者）の競争活動を制限する内容のライセンス条項には、「競争者排除」行為規制（本書第3章）が適用される。

　ライセンス条項の大半は、ライセンスされる特許技術の利用方法をシーに対し制限する「技術内競争制限」である。具体的には特許利用の用途・地域をシーに制限するものである。「技術内競争制限」はライセンス対象の技術内に限定した制限なので、「垂直的制限」として特別の考慮が必要である。「技術内競争制限」をEU欧州委員会は、垂直的制限であるにもかかわらず「競争者間協調」とみなす。これとは異なり、米国反トラスト当局は「技術内競争制限」を「競争者間協調」とはみなさない。

　ライセンス条項に対して主要国競争当局は共通に好意的に取り扱っている。ライセンス条項を設けることができるので、特許権者はライセンス供与に前向

になる。ライセンス供与により、新技術が普及し、消費者利益が拡大する。そのうえ、シーはライセンスにより得た技術を自社技術と結合することにより、新たなテクノロジーと製品を創出する。

特許権者がシーに課すライセンス条項を競争当局が禁止すれば、多くの特許権者はライセンスせず、自社だけで特許を利用する道を選択する。ライセンス条項の規制にあたって競争当局は、当該条項がもたらす競争制限性と消費者利益増進効果（競争促進効果と同視される）をバランス判断しなければならない。この判断基準を米国 EU 日本中国の競争当局は「知財ガイドライン」として公表することにより、企業のコンプライアンス指針としている。

1　ライセンスに対する競争法適用の留意点

(1)　**製品市場・技術市場・研究開発市場**　　主要国の競争当局は、「競争者間協調」の中で極小数の行為類型（価格カルテルなど）だけを当然違法（あるいは原則違法）とする。それ以外の「競争者間協調」そしてすべての「競争者排除」行為は、行為主体の企業が市場支配力を有する場合でなければ違反と認定しないのが通常である。このため競争当局は法適用にあたって、まず対象企業が属する市場を画定し、その市場で対象企業（特許ライセンスについては特許権者）が市場支配力を有するのか否かを判定する。日本の独禁法では市場支配力に達していない企業をも違反と決定する場合があるが、市場条件を左右する能力が重要な違法要素となることは同じである。

市場支配力を競争当局は、通常、顧客（消費者）が購入する製品（商品）に関して検討する。企業は自社製品を顧客に購入してもらうことを巡って競争しているからである。乗用車市場、液晶テレビ市場などがその例である。

しかし特許ライセンスの場合、特許は技術（テクノロジー）に対し与えられるので、特許権者とシーは、最終製品ではなく、製品を生み出す技術を巡って競争している。したがって、ライセンス条項に対する競争法適用は、第一次的には、製品ではなく技術（それについての知財）に関する市場を画定することから始まる。技術（その知財）は、製品とは別に、独立して市場で取引されている。

第二に、技術は製品に結実することによって、製品市場での企業間競争をもたらす。したがって、競争当局は、技術が結実する製品の市場についても競争法を適用する。ライセンスが対象とする「技術市場」と「製品市場」の双方について、競争当局は市場範囲を画定する。市場がどの程度広く（あるいは狭く）画定されるかによって、特許権者の市場シェア数値が変わるので、市場支配力の有無が左右される。また競争当局が知財ガイドラインによって示す「セーフハーバー」（その範囲内では特許権者が違反に問われることがない安全圏）は市場シェア数値によって示される。特許権者がセーフハーバー枠内（したがって合法）と認定されるのかが市場範囲の画定方法により左右される。

　特定技術が特定製品に直結する場合には、技術市場と製品市場は重なるので、両者は同一になる。例えば、液晶パネル特許技術について市場支配力を獲得する企業は、液晶パネルの製品市場においても市場支配力を獲得する。しかし、両者が重ならない場合も少なくない。例えば、自動車において乗用車とトラックは顧客層が明らかに異なるので、製品市場は別々に区分され、乗用車はさらに高級乗用車・大衆車などに市場が区分される。しかし、ハイブリッド車のエンジン技術は、すべての乗用車のみならずトラックにまで利用できる。ハイブリッド技術についての市場は自動車の市場区分とは別に検討しなければならない。

　さらに、競争当局（中でも米国反トラスト当局）は、技術市場とは別に「研究開発市場」についても市場支配力を検討する場合がある（日本の公正取引委員会は検討しない）。既に成立している製品の技術についての市場が「技術市場」であるのに対して、より優れた製品あるいは製造方法の開発を巡る競争の市場が「研究開発市場」である[2]。「研究開発市場」を技術市場とは別に検討する必要が生じる場合として、市場支配的企業が新規技術の研究開発を妨げる場合が挙げられる。

　(2)　「水平的制限」と「垂直的制限」の区別　　ライセンス条項を取り決める特許権者（ライセンサー）とシーの関係は、互いに競争している場合と競争していない場合の2通りに分かれる。

　競争法では、競争者間協調を「水平的制限」と呼び、特に問題とする。例えば、自動車市場のトヨタと日産が競争を制限する取決めを結べば、水平的制限

である。ライセンス条項の場合には、ライセンサーとシーが技術市場あるいは製品市場において互いに競争している場合が、水平的制限である。

水平的制限（競争者間協調）は競争当局が問題としやすいが、すべてを当然違法（あるいは原則的違法）とするわけではない。現代の競争当局は、水平的制限の類型のごく一部のもののみを「ハードコア・カルテル」として当然違法（あるいは

図表5-1　製品市場・技術市場・研究開発市場の例

出所　筆者作成

製品（商品）市場	技術市場	研究開発市場
大衆乗用車、高級乗用車、トラック	ハイブリッド・エンジン	無人自動車
パソコンOS、テレビ、ステレオ	オーディオ・ビジュアル技術	クラウドによるオーディオ・ビジュアル提供
ペットボトル、包装ラップ	プラスチック製法技術	バイオ利用の自然分解プラスチック
アルツハイマー治療薬	アルツハイマー治療法	多機能性獲得（STAP）細胞による創薬

原則的違法）とし、それ以外の水平的制限は総合判断により違法・合法を判定する（本書第2章3参照）。ライセンス条項の場合には、制限に合理性を認める場合が広がるので、競争当局がハードコア・カルテルとみなす条項はさらに少なくなる。

他方、属する取引段階が異なるので競争関係にはない企業間が取決める制限は「垂直的制限」である。メーカーと販売店のように、取引段階が垂直的（川上・川下）に分かれている企業間では競争が行われていない。垂直的制限は、川上の単一メーカーの技術・製品の販売段階での競争を制約するだけなので、水平的制限に比べて競争制限効果が低い。

ライセンス条項については、知財権者（ライセンサー）とシーが「補完的 complementary」関係にある場合にはライセンス条項は垂直的制限であり、これは大多数のライセンス条項に当てはまる。典型的には、特許権者が技術開発企業でありシーがメーカーの場合には、ライセンスによりメーカーが特許技術の利用権を購入するので、ライセンス条項は垂直的制限である。[3]

水平的制限・垂直的制限の区分が重要なのは、世界主要国の競争当局（及び裁判所）がこの区分ごとに異なる規制基準を設けているためである。米国反トラスト当局と欧州委員会がこれに該当し、中国の競争当局も中国独禁法（2007

年制定）により、同じ規制区分を採用した。日本の公正取引委員会の知財ガイドラインも、「非競争者間の制限」を「競争者間の制限」と区別して扱うことにより、垂直的制限の見方を採用している。ただし、公正取引委員会は、競争者間の制限（水平的制限）と非競争者間の制限（垂直的制限）の双方を「拘束条件付取引」として同じ不公正取引方法規制を適用するので、米国 EU 中国に比べて、水平的制限と垂直的制限の規制区分が曖昧になっている。

ライセンス対象の特許に特許権者は排他権を有しているので、ライセンス対象技術（例えばソニーのメモリースティック）について、特許権者とシーは競争していない。しかしライセンス供与後は、その特許技術についての「技術内競争」が特許権者とシー間（及びシー相互間）に新たに生じる。この「技術内競争」はライセンス供与によってはじめて生じた競争なので、米国の知財ガイドラインは「技術内競争」を制限するライセンス条項を競争者間協調とはみなさない[4]。したがってほとんど全面的に合法である。

米国知財ガイドラインの見方では、特許権者とシーに競争関係が成立している（したがってライセンス条項が水平的制限となる）のは、特許権者とシーがライセンス以前に競争している場合だけである。典型的には、特許権者とシーが競合技術（その特許）をクロスライセンス（集合的クロスライセンスであるパテントプールを含む）する場合が該当する（2017年改正知財 GL 4.1.2）。例えばソニー（メモリースティック特許）と東芝（フラッシュメモリー特許）がクロスライセンスする場合である。

しかし、米国の取り扱いとは異なり、EU ガイドラインでは「技術内競争」制限のライセンス条項を競争者間協調とみなしており、かなりの部分の制限を原則違法としている。特許権者とシー（複数）間の「技術内競争」がライセンス条項により消滅すれば、対象技術を利用して製造される製品価格が上昇するので、消費者利益が低下する（EU GL 27）。

米国と EU 間のこの見解対立は、両国でのライセンス条項規制に基本的な差異をもたらしている。日本の公正取引委員会の知財ガイドライン（知財指針）はこの点について米国と同じ見方を採用している。

「技術市場」だけでなく「製品市場」での競争にも注意を払う必要がある。技術市場では競争していなくても、製品市場では競争している企業に課すライ

センス条項は水平的制限に該当する（EU2014年技術取引ガイドライン［以下、EU GL］para 30）。

(3)「技術内競争制限」と「競合技術排除」の区別　「技術内競争制限」以外に、垂直的制限が競争を制限する場合として「競合技術排除」がある。「競合技術排除」は

図表5-2　ライセンス条項の分類　　筆者作成

分類	競争制限の性格	制限の例
水平的制限	技術市場あるいは製品市場における「競争者間協調」	・製品価格の共同決定 ・ロイヤルティの共同決定 ・製造数量の共同決定 ・市場分割
技術内競争制限 （垂直的制限）	ライセンス対象技術内に限定した「競争者間協調」（EUの見方）	・再販売価格維持 ・数量制限 ・用途分野制限 ・地域・顧客制限
競合技術排除 （垂直的制限）	ライセンス対象技術と競合する技術・製品の「競争者排除」	・対抗技術利用の禁止 ・抱合せ ・排他的グラントバック ・非係争条項 ・不争条項

「競争者排除」（本書第3章）に属する。ライセンス対象技術と競合する技術を利用しないようにシーを義務付ける条項が該当する。シーがライセンス対象技術を改善し、新たな発明をすることを禁じる条項も「競合技術排除」条項に該当する。

　競合技術排除は「競争者排除」の一種なので、本書第3章（知財による競争者排除）で説明したものと大筋において同じ競争法基準が適用される。競争者排除行為については協調行為の場合とは異なり、水平的制限と垂直的制限における規制基準の差はほとんど存在しない。[5]

　競合技術排除については技術内競争制限とは異なり、特許法が特許権者に付与する排他権に配慮して競争法規制を緩める理由も存在しない。特許権者に付与された排他権は対象技術内に限定されるので、競合技術を排除するのは特許権の枠外である。

　競合技術排除のライセンス条項は競争者排除行為に共通する競争法基準によって審査される（本書第3章参照）。つまり、違法の第1要件として、特許権者が市場支配力を有している場合でなければ違法は認定されない（米国・EU・中国の共通基準であるが、日本の独禁法では市場支配力を有しない企業も違法とすることがある）。第2要件として、競合技術排除の条項が不当な性格のものでなければ違反とされない。ライセンス促進の観点から、競合技術排除効果を有する条

項が正当とみなされることが少なくない。

2　競争法と特許権の調整

ライセンシー（シー）の活動を特許権者が制限するライセンス条項は、競争を制限する効果がある場合には競争法に違反するおそれがある。しかし、特許権者（ライセンサー）には特許法が排他権を付与している。

(1)「技術内競争制限」と「パテントスコープ論」　「技術内競争制限」条項については、競争法規制を特許権と調整する必要がある。特許権は、対象技術を独占する権利である。対象技術内の競争を排除する権利を特許権者は有している。したがって米国（EU は異なる——後述）では、特許権利の範囲（パテントスコープ）の枠内の制限はすべて競争法適用を免れると伝統的に考えられてきた。

「技術内競争制限」条項は「パテントスコープ」枠内にとどまる制限なので、単純に考えれば、競争法適用を全面的にしりぞけることになる。この「技術内競争制限」の全面合法（競争法適用否定）説は米国で強い影響力を維持しており、日本の独禁法適用にも影響を及ぼしている。具体的には、特許権者が特許行使における自社（あるいは他のシー）の専属領域（地域や用途）を確保するためにシーに課す制限（地域制限と用途制限）は、特許の排他権の一部をシーに譲るものにすぎないとして、全面的に合法とする見方が米国と日本で共通に採用されている。ただし、価格制限（再販売価格維持）は別扱いである。価格競争は「技術内競争」であっても特に保護する必要があるとの見方からである。

米国（及び日本）とは異なり、「パテントスコープ」論を EU の欧州委員会は採用しない。「技術内競争制限」の全面合法を欧州委員会が否定するのは、特許権者が自ら製造販売する場合とは異なり、ライセンス条項は他企業との取決め（契約）による制限だからである。

他企業との取決めによる競争制限に対しては、「技術内競争制限」であっても欧州委員会は EU 競争法を全面的に適用する。特許権者が自ら製造販売せず、特許技術を他企業にライセンスすれば、技術内競争が新たに発生する。その「競争者間協調」に対して競争法を適用する必要があるとするのが欧州委員

会の見方である（したがってEUでは、垂直的制限ではあっても「技術内競争制限」を「競争者間協調」とみなしている）。

ただし、欧州委員会がEU競争法を技術内競争制限に対して適用するというのは、違法と常に決定することを意味するわけではない。技術内競争制限を違法として当局が規制すれば、特許権者の多くはライセンスを供与しないことを選択するだろう。その場合には「技術内競争」自体が出現しない。この考慮から、技術内競争制限を特許権者（ライセンサー）に許容することが妥当なのではないか。この見方に対する欧州委員会の見解は次のとおりである。「ライセンス及び市場の状況から、より制限度の低いライセンス条項が結ばれることが期待できない」場合でなければ、その技術内競争制限を許容することはない（EU GL para 12 (b)）。欧州委員会見解の背後には次の見方がある。競争当局が「技術内競争制限」条項を禁止しても、特許権者はライセンスしないことを常に選択するわけではない。特許権者は、競争法違反には至らない程度の制限を課すライセンス条項とすることによりライセンス供与する場合がある。

この見方から欧州委員会は、技術内競争制限の種類ごとに合法・違法の判定基準を知財ガイドラインにより説明している。米国（パテントスコープ論）とEUの対立する見解については、論理上、EU（欧州委員会）の見方に説得性が認められる。最近の動向として米国の学説と判例も欧州委員会の方向になびいている。有力学者のホーベンカンプは、ライセンス条項により設けた制限は特許本来の排他権による制限ではないので、競争制限的行為を違法とするか否かを判断するのは、特許法ではなく競争法の役割であると述べている。[6] これは欧州委の見方と同じである。そして米国最高裁はアクタビス判決において、ついにパテントスコープ論を否定した（第3章2 (3) 参照）。

ただし、技術内競争制限にも競争法が全面適用されるとする立場を採用する場合においても、価格制限（再販売価格維持）を除く制限、つまり地域・用途制限を当然合法とすることには政策上の妥当性が認められる。この基準は米国と日本の知財ガイドラインが共通に採用しているものである（EUと中国のガイドラインは異なる）。地域・用途制限を違法とするのが妥当な場合が存在するとしても、極めて少数に限定される。地域・用途制限はすべて合法と競争当局が宣言する方が、特許権者に安心感を与えてライセンス提供を促進する。

(2) **競争当局の好意的姿勢**　ライセンス条項に競争法を適用するものの、競争当局はライセンス条項に好意的である。ライセンス条項を設定できるので、特許権者は他社にライセンス供与することに前向きになる。ライセンス条項は基本的に公益を増進するので「競争促進的」である。

米国反トラスト当局の知財ガイドラインによれば、「知財は、多くの製造工程の一部を占める要素であり、他の補完的要素と結びつくことにより、知財の価値は高まる」。知財ライセンスは、他の製造要素と知財を結びつけるので、効率的（つまり競争促進的）である。したがって競争法はライセンス条項を一般的には好意的に評価する。例えば、特許権者は、自社が販売する地域においてシーが販売するのを禁止することが通常である。この地域制限を課すライセンス条項が競争法により許容されるので、特許権者は、ライセンスしないという選択肢ではなくライセンスするという選択肢を選ぶ。

一般的にはライセンス条項に競争法は好意的対応をする（米EU日中の競争当局知財ガイドラインがいずれもこの趣旨を述べている）。ただし、ライセンス条項によっては、強い競争制限効果を発揮するものがあるので、競争法違反を競争当局が認定し、ライセンス条項の削除・改善を特許権者に命令する。競争法違反認定の基準については米EU日中の競争当局の姿勢にかなりの差が存在する。米国反トラスト当局は寛容であり、EUの欧州委員会は米国より厳しい（つまり違法認定する場合が多い）。日本の公正取引委員会及び中国独禁当局はEU以上に厳しい。

(3) **特許イコール市場支配力ではない**　ライセンス条項に限らず、水平的制限と垂直的制限に共通に、当然違法（あるいは原則違法）とされる類型（水平的制限中の価格カルテルなど及び垂直的制限中の再販売価格維持［米国を除く］）以外の行為に対しては、競争制限的効果と競争促進効果を総合的に判断して競争当局は合法・違法を判定する。この際、特許権者が「市場支配力」を有することが違法を認定する要件の１つである（ただし日本独禁法の不公正な取引方法規制はこの例外である）。

規制に値するだけの「市場支配力」とは、競争レベルよりも価格を実質的程度（５％程度以上）引き上げ、それを実質的期間、維持する力を意味する。市場シェアが60％程度を上回る場合でなければ、市場支配力は認定できないこと

が通常である。市場シェアが低い企業は、価格引上げを試みても、ライバルに顧客を奪われるので、価格引上げを実現できない。

　特許権者は対象技術を独占するための排他権を付与されている。しかし、特許対象の技術に限定した独占なので、市場支配力と同じではない。例えば、ソニーは記憶媒体のメモリースティックに自社特許を有しているので、メモリースティックの製造販売を独占できる。しかし、メモリースティック以外にコンパクトフラッシュ、USB メモリーなどが記憶媒体市場で競合している。メモリースティックの価格をソニーが引き上げようとしても、顧客が USB メモリーなどに逃げていくので、ソニーは価格を引き上げられない（つまり市場支配力を有しない）。

　特許が市場支配力を獲得するのは、その特許を利用する製品が市場において大きなシェアを占める場合である。例えば、マイクロソフトはウインドウズに著作権と特許を有しているので、他企業はウインドウズを製造・販売できない。ウインドウズが属する市場（PC オペレイティング・システム［OS］）におけるウインドウズの競争相手はアップルのマック OS だけである。マック OS は市場シェアを上げてきているものの、ウインドウズ利用者のほとんどはマック OS に乗り換えようとしない。このため、マイクロソフトはウインドウズの価格（PC メーカー等に課すロイヤルティ額）を競争価格レベルよりも引き上げ、維持する力を有している（つまり市場支配力を有する）。

3　米国反トラスト当局の規制基準

　特許ライセンスに対する競争法適用の基本視点は先進国にほぼ共通している。ただし細部については米国 EU 日中にかなりの差が存在する。特許ライセンスが特に重要なハイテクあるいは IT 分野の日本企業は、日本の独禁法にも増して米国反トラスト法に留意しなければならない。特許が絡む企業間競争はグローバルに展開されている。日本企業が日本の独禁法に対処しても、日本国内での製造販売にしか通用しない。米国反トラスト法が特許ライセンスに対して最も簡明な基準を設けており、世界各国の指標となっている。

　EU と日本の知財ガイドラインはライセンス条項の中で、違法（黒）あるい

は「違法とする可能性が高い」(濃い灰色)とする条項を類型ごとに示している。これに比べ米国の知財ガイドラインは、当然に違法(黒)とする価格・数量・地域・顧客カルテル以外はすべて、具体的状況に応じて総合判断(反トラスト法用語では「合理の原則」)により違法・合法を判定する(その総合判定方法を知財ガイドラインが説明している)。この点が、ライセンス条項の類型ごとに黒・白の明確区分が示されることを期待する企業からはわかりにくく感じられるかも知れない。

　しかし第一に、黒(あるいは濃い灰色)条項が極めて少ないということは、EU及び日本に比べて米国の知財ガイドラインがライセンス条項に対して好意的(通常は合法とする)姿勢をとっていることに他ならない。第二に米国当局は、ライセンス条項のほとんどは、形式的な類型分類(グラントバック、非係争条項などの類型)により黒あるいは白とは決められないと考えている。ライセンスが実施される個別状況に応じて総合判断したうえで合法・違法を判定する。ライセンスは基本的に競争促進的と見る視点から出発するので、違法決定する場合は少ない(違法決定の場合にも是正措置を命令するだけであり、罰則・制裁金は課さない)。

　このライセンス条項に対する見方は米国反トラスト法の基本的視点と共通する。反トラスト法審査の基本は、当然違法と合理の原則の使い分けである。競争制限効果が明白で、しかも効率を向上させるとは考えられない制限は当然違法とする。当然違法に該当する行為類型に対しては、経済効果を吟味せず、その行為類型に該当するだけで違法を認定する。対象の行為類型は競争者間協調(水平的制限)、しかもその一部、ほぼ価格・数量・地域・顧客カルテルに限定される。

　水平的制限の一部を当然違法とするのを除いて、他のすべての企業行為を米国反トラスト当局(司法省と連邦取引委員会)そして裁判所は、「合理の原則」により判定する。合理の原則とは要するに総合判断である。競争制限効果と効率向上効果を総合判断することにより、制限的の行為の違法・合法を判定する。効率を向上させる行為は、競争圧力を増大させ、消費者利益を増進するので「競争促進効果」を有するとみなされる。

　垂直的制限は、垂直合併(川上・川下関係にある企業間の合併)に準じる経営提

第 5 章　知財ライセンス条項と競争法・独禁法　139

図表 5-3　ライセンス条項に対する反トラスト法適用フローチャート　出所　筆者作成

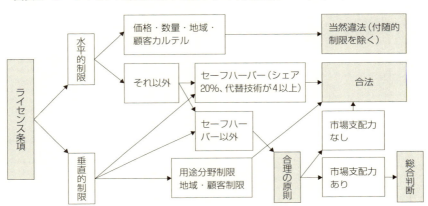

携なので、一般的に合理性が高いと米国反トラスト当局は見ている。水平的制限とは異なり、垂直的制限は価格制限（再販売価格維持）を含めてすべて合理の原則により審査する。垂直的制限の主要部分を占める「ブランド内競争制限」（特許ライセンスにおいては「技術内競争制限」）には特に寛容であり、ほとんどの制限には介入しない。

競合技術排除（単独企業によるもの）もすべて合理の原則により審査される。競争者排除行為は、競争者間協調（水平的制限）とは異なり、対抗行為であり、競争そのものなので、控えめな姿勢による規制が行われる。

（1）**反トラスト当局の知財ガイドライン**　反トラスト当局（司法省反トラスト局と連邦取引委員会）は知財ライセンスを「知財ガイドライン」（2017年 1 月改正）に基づいて審査する。ライセンス条項に対する知財ガイドラインの判定基準には次の特徴がある（図表 5-3 参照）。

a）　知財を物的財産と同等にみなす。知財を特別扱いせず、反トラスト法共通の基準を適用する。その上で、ライセンス条項は一般的に競争促進的であると見るので、多くの場合には合法と判定する。

b）　当然違法とみなすライセンス条項は、水平的制限（競争者間協調）における少数の制限（ほぼ価格・数量・地域・顧客カルテル）に限られる。当然違法以外の水平的制限、そしてすべての垂直的制限と競争者排除行為には合

理の原則（総合判断）による柔軟な判断を行う。
c)　垂直的制限の中で、「技術内競争制限」該当の用途分野制限及び地域・顧客制限は全面的に合法（当然合法）としている。
d)　合理の原則において、特許権者が市場支配力を有していなければ違法を認定しない。市場支配力は企業にとっては判断しがたいので、市場シェア数値により「セーフハーバー（安全圏）」を示しており、この市場シェア未満の特許権者は規制しない。
e)　特許権者が市場支配力を有している場合には、ライセンス条項の競争制限効果と競争促進効果を総合的に検討して、違法・合法を判定する。

(2)　**ごく少数の当然違法条項以外は総合判断**　水平的制限の中で価格・数量等に関するものは、状況を検討せずに当然違法と決定する。当然違法とされる少数の制限以外の水平的制限は合理の原則により判断する。これに対し、垂直的制限はすべて（価格制限つまり再販売価格維持を含む）合理の原則により審査する。これらの基準はライセンス条項に特有の基準ではなく、企業行為のすべてに共通する。

水平的制限において当然違法とされるのは、伝統的には、①価格制限（価格カルテル）、②数量制限（製造・販売数量カルテル）、③地域・顧客制限（地域割りカルテル）であった。しかし近年の判例により、価格等の水平的制限であっても、「合理的目的」を有する共同事業（ジョイントベンチャーなど）に付随して実施される制限（「付随的制限」）である場合には合理の原則により判断する。例として、音楽著作権管理団体が実施した価格協調（構成員による著作権料の共同決定）を当然違法とはせず、合理の原則により判断した。著作権管理団体は正当目的のために設立された共同体であり、著作権料の共同決定は団体目的から正当化され得るからである[8]。

ライセンス条項の場合には、通常の水平的制限の場合より以上に、「合理的目的のために実施される制限」（2017年改正知財 GL 3.4）とみなされる場合が多くなる。ライセンスは「合理的目的」を有すると通常はみなされる。

合理の原則審査は、個別ケースの状況に応じて、次の視点により実施する。「当該制限が競争制限的効果を発揮する場合には、その制限が競争促進的利益を実現するために必要な制限なのか、そして競争促進的利益は競争制限の弊害

を上回るのか」を審査する（2017年改正知財 GL 3.4）

　(3)　**20％市場シェア以内のセーフハーバー（安全圏）**　「セーフハーバー（安全圏）」というのは、客観的数値（市場シェアなど）により規制対象とはしない行為範囲を明示して、企業に安心感を与えるために設けられる。ただし、「当然違法」（あるいは原則違法）該当の制限類型にはセーフハーバーは適用されない。セーフハーバーの枠外となる行為でも、競争法違反を必ず認定されるわけではない。競争当局はガイドラインにより総合的に判定する。

　主要国競争当局に共通して、各種ガイドラインにセーフハーバーを設けている。競争法違反の重要要件である「市場支配力」は、市場の総合判断により判定されるので、企業にとっては判断しがたい。競争当局が公表した「セーフハーバー」数値を拠り所として、企業は競争法違反に問われることを心配せずに活動できる。

　米国知財ガイドラインが示すセーフハーバー数値は次のとおりである。① ライセンスが対象とする市場（通常は製品市場についてのみ検討）において、特許権者とシー併せての市場シェアが20％以下の場合。② 技術市場を検討しなければならない場合には、市場シェアがわからないことが多いので、ライセンス対象の技術以外に4以上の対抗技術が存在する場合（2017年改正知財 GL 4.3）。

　(4)　**用途分野制限と地域・顧客制限は合法**　技術内競争制限における「用途分野制限（field-of-use restrictions）」（一般消費者用とプロフェッショナル用の区分など）及び地域・顧客制限は合法と判断される（2017年改正知財 GL Example 1）。ただし、競争している事業者間の「クロスライセンス」の場合には水平的制限として審査する（2017年改正知財 GL 4.1.2）。

　これらの垂直的制限（その中の技術内競争制限）は、知財権利者の排他権を部分的に他社に譲り渡すものなので、いわば排他権の「切り売り」であるとの見方から、制限をほとんど常に許容してきている（同じ見方を日本の公正取引委員会・知財指針も採用している）。[9]

　(5)　**垂直的価格制限——GE 判決基準により合法あるいは合理の原則**　ライセンス対象の技術内に限定される制限であれば、製品価格を定める制限であっても、特許権が認める排他権の枠内なので、制限は反トラスト法に違反しないと認定されるだろう。この見方を肯定した最高裁判決が GE 判決（1926年）[10]であ

る。GE は、電灯製造の特許をウエスチングハウス等にライセンスする際に、製品価格制限（最低価格）をライセンス条項に規定した。もしこの価格制限が GE 製電灯の販売価格についてであれば、「消尽論」（本書第 1 章 7）により特許権の効力は消滅するので、GE は再販売価格維持として反トラスト法に違反する（事件当時において再販売価格維持は当然違法）。しかし本件では GE は自社製品を販売しておらず、製造技術特許のライセンス条件として価格を制限しただけである。このため最高裁は価格制限が反トラスト法に違反しないとした。ただしこの最高裁判例は、その後の判例により効力が狭められてきている（最初の再販に限定するなど）。

ライセンス条項による価格制限は、GE 基準が適用されない場合には、垂直的制限における価格制限（再販売価格維持）として、反トラスト法共通の基準が適用される。再販売価格維持は長らく当然違法とされてきたが、最高裁リージン判決（2007年）により、合理の原則が適用されるようになった（したがって垂直的制限は価格制限を含めてすべて合理の原則により判定される）。

(6) **競合技術排除条項に対する合理の原則**　　ライセンス条項の中で特に問題になりやすいのは、特許権者（ライセンサー）の技術と競合する技術を排除する効果のある条項（「競合技術排除」条項）である。特許権者がシーに対し、特許権者と競合する技術を利用しないように義務付ける制限が該当する。

「競合技術排除」条項は、特許権者の技術と競合する技術（及びその技術を体現する製品）を排除する点で競争制限的である。しかし他方、ライセンスされた技術の利用にシーが専念するなどの望ましい効果（競争促進効果）も発揮する。

このため反トラスト当局は、競争制限効果と競争促進効果を総合判断して合法・違法を判定する（2017年改正知財 GL 4.1.2）。違法決定の要件として、ライセンス対象の製品あるいは技術市場において市場支配力が形成されていることが前提となる（2017年改正知財 GL Example 7）。

競合技術排除の条項として近年に特に重要となっている 3 条項（グラントバック・非係争条項・不争条項）について、第 6 節において米国 EU 日本中国を比較して説明する。

4　EU 欧州委員会の規制基準

(1)　ガイドラインの特徴とセーフハーバー数値　　知財ライセンスを欧州委は「技術移転 Technology Transfer」と名付けており、そのガイドラインは「技術移転ガイドライン」[11](以下 "EU GL") である。技術移転ガイドラインは、米国の簡明な基準に比べて、違法・合法の区別を詳細に示しており、かつ基準の例外を細かく規定している（図表5-4参照）。複雑な基準になっており、柔軟性に欠ける。その半面で、ライセンス条項の類型ごとに違法・合法区分を明示しているので、企業にとっては米国ガイドラインよりも違法・合法が判別しやすい。

　欧州委の知財ガイドラインとして、技術移転ガイドラインに併せて、技術移転取引を対象とする競争法一括適用除外規則（TTBER）[12]も参照する必要がある。EU のガイドラインは、米国ガイドラインよりもはるかに情報量が多い。日本、中国などの競争当局が知財ガイドラインを作成・改定する際にまず参照するモデルは欧州委ガイドラインである。

　欧州委の技術移転ガイドライン及び TTBER には次の特徴がある（次頁**図表5-4**参照）。

- a)　当然違法該当の条項を米国では極めて限定している。これに比べて EU では原則違法（ブラックリスト）とするライセンス条項の種類が多い。
- b)　米国は、「ライセンスがなされない場合」と比較して、より競争制限的でなければ、違法を認定しない。これに対して EU は、ライセンスがなされている状況から出発して、より制限程度が緩いライセンス条項と比べて競争制限的なライセンス条項であれば、不当な競争制限と判定する。この見方から EU では「技術内競争制限」であっても違法とする場合が少なくない。
- c)　米国と同じく「セーフハーバー」を設けている。水平的制限（競争者間協調）と垂直的制限（非競争者間協調）に異なるセーフハーバー数値を採用していることが米国とは異なる。水平的制限の場合には、特許権者とシーを併せた市場シェア20％であり、垂直的制限の場合には、特許権者あるい

図表5-4　ライセンス条項に対するEU競争法適用フローチャート　　出所　筆者作成

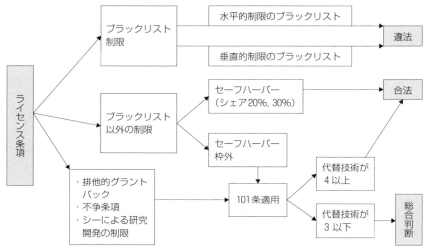

（注）パテントプールは別扱い——本書第3章3（4）参照

はシーの市場シェア30％である（TTBER §3）。セーフハーバー枠内のライセンス条項は合法［白］である。ただし次の制限条項にはセーフハーバーを適用しない——①ブラックリストとされる制限条項、②排他的グラントバック等3つの制限条項。

d）　垂直的制限と水平的制限共通に、ライセンス対象技術以外に4以上の代替技術が存在する場合には、101条違反とされる可能性が低い（EU GL para 157）。これは、追加的なセーフハーバーとして機能している。

EU競争法は、水平的制限（競争者間協調）と垂直的制限（非競争者間協調）の双方を1つの条文（101条1項）により規制する。101条1項は、競争を制限する「目的あるいは効果」を有する制限を違法とする。

101条1項において違法とされた制限であっても、一定の要件を満たせば、適用免除を受けることができる（101条3項）。ただし、2003年理事会規則（Regulation 1/2003）以降、企業が欧州委に適用免除を請求することはできなくなった。企業は欧州委知財ガイドラインを自社の責任で参照して、自社行為が101条1項に違反するかについてだけでなく、3項により適用免除されるかについ

ても判断する必要がある。2003年以降の欧州委は、101条1項と3項（適用免除）を統合して判断するので、米国での当然違法と合理の原則の区分に近い審査基準になっている（以下「101条」は「101条1項」及び「101条3項」の総称として用いる）。

適用免除については、上記の個別免除よりも、競争制限の類型ごとの「一括適用免除規則 Block Exemption Rule」が重要である。その1つとして、知財ライセンス条項に対して設けた一括免除規則が「技術移転取引一括適用免除規則」（Block Exemption Rule for Tech. Transfer Agreements：略称 TTBER）である。TTBER とセットにして欧州委が公表した「技術移転ガイドライン」（EU GL）は、TTBER の解釈基準を説明するにとどまらず、TTBER による適用除外の枠外となるライセンス条項に対する競争法適用基準を説明している。

(2)　ブラックリスト該当のライセンス条項　　EU での欧州委ガイドラインによる「ブラックリスト（ハードコア制限）」は米国の「当然違法」に相当する。ブラックリストは、水平的制限（特許権者とシーが競争関係にある場合の制限）と垂直的制限（特許権者とシーが競争していない場合の制限）のそれぞれについて設けている。この中で、垂直的制限についてのブラックリストはすべて「技術内競争制限」に属する制限である。ライセンス対象技術の対抗技術を排除する制限（「競合技術排除」）はブラックリストに含まれていない。

ライセンスは一般的に消費者利益増進効果（競争促進効果）があると欧州委は認めている。しかし、次の性格を有するライセンス条項はブラックリストとする。第一にその条項自体が消費者利益を増進する効果がなく、競争を制限する効果しかもたらさないもの。第二に、それらのライセンス条項がライセンス供与のためにどうしても必要であるとは認められないもの（EU GL para 18）。

(イ)　水平的制限のブラックリストと除外領域　　水平的制限（競争者間協調）を規定するライセンス条項に対して、垂直的制限（非競争者間協調）に比べて厳しい見方を欧州委は採用している。ただし水平的制限のすべてをブラックリストとしているのではなく、次の4類型に限定し、しかもブラックリストからの除外を各類型（価格制限を除く）に設けている（TTBER 4.1）。

ブラックリスト対象4類型は次である。①価格制限、②生産数量の制限（非相互的ライセンスにおける制限などを除く）、③市場・顧客分割（4つの例外あり）、

④技術開発の制限（ノウハウの拡散を防ぐためのものを除く）。この中で特に市場・顧客分割に対しては、ブラックリスト例外の制限が７つ設けられているので、ブラックリストから除外される部分が大きい。その代表は、シーが製造する地域において特許権者には製造させないとする地域制限である（プールなどの相互的制限の場合を除く）。

また、シー（あるいは特許権者）に専属的に特定の技術・製造分野を占有させるための制限もブラックリストから除外される。この除外は、特許権者とシーが特定分野に専念できることにして投資意欲を増進することを目的とする（EU GL 107-109）。

ブラックリスト対象ではないライセンス条項であれば、セーフハーバー（シェア20％）枠内であれば白である。セーフハーバー枠外（シェア20％超）の場合には、技術移転ガイドラインが示す総合判断基準により違法・合法を判定する（図表５-４　フローチャートを参照）。総合判断では、多くの場合（ライセンス供与のインセンティブ確保が必要な場合など）には白判定が下される（EU GL 199）。

(ロ)　垂直的制限のブラックリストと除外領域　　米国当局は垂直的制限のすべてを合理の原則で判断する（さらに、テリトリー制等の「技術内競争制限」はほとんど常に合法とする）。これに対比して欧州委は、垂直的制限の「技術内競争制限」に属するものであっても、次の４種の制限は「ブラックリスト」とする（TTBER 4.2）――①再販売価格維持（最高価格についてのものを除く）、②地域・顧客分割（５つの例外あり）、③選択的販売制度における最終販売先制限。

水平的制限の場合と同じく、地域・顧客分割制限の多くの部分をブラックリストから除外している。したがってアメリカには劣るが、市場・顧客分割に好意的姿勢が示されている。ただし「受動的販売制限」（地域外から自分で足を運んで購入に来る顧客への販売をシーに禁止するもの）は、「積極的販売制限」（シーが自社テリトリー外に進出して販促活動を行うことの禁止）とは異なり、ブラックリストである（TTBER 4.2 (b)）。シーによるネット販売地域を限定するライセンス条項は通常、「受動的販売制限」であり、したがってブラックリストである。もっとも、特許権者が確保した地域内への販売をシーに禁止する制限は、「受動的販売制限」であってもブラックリストから除かれている。

(3)　セーフハーバー枠外ライセンス条項に対する総合判断　　セーフハー

バー（シェア20％あるいは30％以下）枠外のライセンス条項であり、かつブラックリストではない条項に対して、欧州委は総合判断により違法・合法を判定する。

また、シーによるイノベーション活動を妨げるライセンス条項（競合技術排除の類型に属する）にはセーフハーバーを適用せず、総合判断する。これに該当するのは次の諸条項である——排他的グラントバック、不争条項（ライセンサーの特許が無効である旨をシーが主張することを禁止するライセンス条項）、あるいはシーによる研究開発に対する制限の総合判断を欧州委は次の基準により実施する（EU GL 129）。（図表5-4参照）

a) ライセンス対象の技術を代替する対抗技術が4以上存在すれば、違法と認定することは考えにくい（事実上の追加「セーフハーバー」に相当）。（EU GL 157）
b) 市場の競争状況を総合判断する——ライセンス参加企業の有力性、競争者の力、新規参入の可能性など。技術間（ライセンス対象技術と代替技術）競争のみならず、技術内競争（ライセンス技術の中での競争）も考慮する。
c) ライセンス条項がもたらす効率を「競争促進効果」とみなし、好意的に配慮する。制限の競争促進効果が競争制限効果を上回る場合には合法である。ただし、より競争制限的でない方法があればそれを採用しなければならない。

競合技術排除の代表的3類型（グラントバック・非係争条項・不争条項）については詳細規準を第6節において米EU日中比較により説明する。

5　日　本—公正取引委員会の規制基準

公正取引委員会（公取委）の知財ガイドラインは、「知的財産の利用に関する独占禁止法上の指針」、以下「知財指針」（2007年制定、2016年一部改定）である。公取委の知財指針は、ほとんどもっぱら「不公正な取引方法」規定（独禁法2条9項）の解釈基準を説明している（「不当な取引制限」と「私的独占」規定の説明はわずかである）。「不公正な取引方法」規制では、「公正な競争を阻害するおそれ」が認められる場合に公取委は企業行為を違法と決定する。公取委による裁

量性が極めて大きいこの規定を知財指針はライセンス条項に対する判定についてもそのまま用いている場合が多い。このため企業コンプライアンスの役には立ちにくいガイドラインとなっている。市場シェア数値による「セーフハーバー」は設けられているが、大幅な例外が設けられているので、企業に安心感を与える役割を果たしていない。

知財指針が示す数少ない明確基準として、第一に、価格制限は、水平的制限と垂直的制限（再販売価格維持）双方について「原則的違法」（黒）である。第二に、垂直的制限の中で「技術内競争制限」は、価格制限以外の制限のほとんどは「原則的合法」（白）である。

(1) 「不公正な取引方法」規制がもたらすあいまい性　　日本の独禁法には米国とEUには存在しない「不公正な取引方法」規制が存在する。不公正な取引方法規制は、「公正な競争を阻害するおそれ」がある企業行為を違法とする（独禁法2条9項及び「一般指定」告示）。「公正な競争を阻害」が「競争の実質的制限」（市場支配力）よりもどこまで幅広いのかがあいまいである。しかも「おそれ」の認定だけで違法にできるので、公取委の裁量余地が極めて大きい。企業が自主的に「コンプライアンス」を実施できるようにするためには、「公正な競争を阻害するおそれ」を具体化する違法認定基準を公取委がガイドラインで示すことが求められる。しかし公取委の知財指針は、不公正な取引方法規定のあいまいさをそのまま残している。

特に、あらゆるライセンス条項が公取委により違法と決定されるリスクがある点として、「競争を阻害するおそれ」（知財指針の表現では「競争を減殺するおそれ」）認定のために「当該制限行為による具体的な競争減殺効果が発生することを要するものではない」としている（指針 第4-1（2））。競争減殺の抽象的な可能性が認められるだけで公取委が違法決定できることになる。これは「公正な競争を阻害するおそれ」（知財指針の表現では「公正競争阻害性」）についての古い判例をそのまま採用した見方である。このようにあいまいな違法判定基準では、違反として摘発されるのを避けようとして、企業は積極的な競争行動を控えがちになる。

その上、競争法対象行為についてのグローバル基準の分類（①水平的制限②垂直的制限③単独行為）を知財指針は採用していない。独禁法適用対象の企業行為

について公取委は条文区分をそのまま採用した分類として、「不当な取引制限」・「私的独占」・「不公正な取引方法」に３区分している（この他に合併・企業結合が存在する）。この３区分ごとに知財指針は違法認定規準を説明している。しかしこの３区分は、各区分が含む企業行為が重複しているので、分類の役割を果たしていない。つまり、前者２区分（不当な取引制限あるいは私的独占）のいずれかに該当するライセンス条項の多くが同時に第３区分（不公正な取引方法）にも重複して該当する。知財指針を参照する企業は、特定のライセンス条項について、不当な取引制限（あるいは私的独占）には該当しないというガイドラインの記述だけでは安心できない。「不公正な取引方法」についての説明を常に参照しなければならない。

(2) **セーフハーバーとその限界** 知財指針は、「競争減殺効果が軽微な場合の例」との表現により、事実上のセーフハーバーを市場シェアにより示している（指針第2.5）。①特許権者とシー合計の製品シェアが20％以下。②（シェアが算出できない場合、あるいは、シェアで競争制限性をはかることが妥当でない場合）代替技術に権利を有するものが４以上存在すること。このセーフハーバー数値は米国知財ガイドラインと同じであり、水平的制限・垂直的制限を区別しないことも米国と同じである（EUとは異なる）。

しかし、知財指針セーフハーバーの重要な限界として、「不公正な取引方法」の３分類（①「競争減殺」、②「競争手段の不当性」、③「自由競争基盤の侵害」）中で、②と③にはセーフハーバーが適用されない。この中の「競争減殺」とは、競争法に共通の概念である競争制限性を指す。他方、「競争手段の不当性」と「自由競争基盤の侵害」は不公正な取引方法規制に特有の規制概念である。前者は、「不正競争法」の規制対象と重なり、不正な競争方法（市場に与える競争制限効果の認定を必要としない）を違法とする。後者はほとんど「優越的地位の濫用」規制と重なる。「優越的地位の濫用」は「搾取的濫用」に該当する（本書第３章１（２））。この２分類に属するとしてセーフハーバー枠外となる行為範囲を客観的に特定できないため、企業に安心感を与える役割をセーフハーバー規定が果たしていない。

「競争手段の不当性」あるいは「優越的地位の濫用」（自由競争基盤の侵害）のような競争制限性とは関係のない概念は知財ライセンス規制に持ち込まないこ

図表5-5　知財ライセンス条項に対する知財ガイドラインの基準　出所　筆者作成

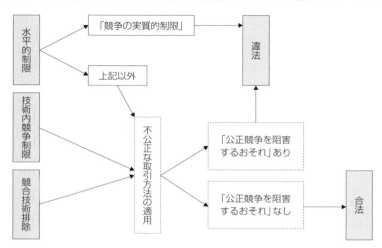

とが望ましい。知財に関する企業行為は国際的広がりを有する。規制の国際調和のためにも競争制限の規制とは異質な視点からの規制を公取委は控えることが望まれる。公取委は近年、この2種類の不公正取引規制を知財ライセンス条項に適用していない。

　(3)　**水平的制限**　　(イ)　一般的基準　　水平的制限（競争者間協調）に対しては、不当な取引制限（独禁法2条6項）と不公正な取引方法（2条9項及び公取委規則「一般指定」）の双方が適用される。知財指針は、知財ライセンス条項における水平的制限に対して、「技術の利用に係る制限行為が競争者間で行われる場合［水平的制限］には、非競争者間で行われる場合［垂直的制限］と比べて、これら当事者の間における競争の回避や競争者の排除につながりやすいため、競争への影響が相対的に大きいと考えられる」（指針第2.4(1)）としている。

　水平的制限に対する「不当な取引制限」（独禁法2条6項）規定の適用では、「競争の実質的制限」（市場支配力を意味する）がもたらされる場合に違法と認定される。しかし、水平的制限であってもライセンス条項はすべて、特許権者によるシーに対する「拘束」として、不公正な取引方法（2条9項に基づく「一般指定」第12項「拘束条件付取引」）を公取委は（不当な取引制限規制に加えて）適用

してきている。不公正な取引方法の方が不当な取引制限より、違法認定の幅が広いので、不公正な取引方法についての指針説明の方が重要である。

不公正な取引方法においては、「競争の実質的制限」に至らない場合であっても、「競争を阻害するおそれ」（知財指針の表現では「競争そのものを減殺するおそれ」）がある場合に、違法を認定され得る。より具体的には、ライセンス条項が「価格、顧客獲得等の競争そのものを減殺するおそれがあるか否か」を判断する（指針第4.1（2）②）。その判断基準としては、「どの程度の実効性をもって行われるかについて判断する」。また、限定的ではあるが、制限の合理性を考慮して合法とする場合があるとしている。

不公正な取引方法（それについての知財指針）は、市場支配力（競争の実質的制限）ではなく、「競争を減殺するおそれ」という裁量性の大きい基準により違法性を判定している。不当な取引制限に加えて不公正な取引方法が適用されるため、企業にとっては、水平的制限が独禁法違反と認定されるリスクが常に存在する。このリスクを軽減することを目的として知財指針は「セーフハーバー」を設けている。しかし既述のとおりセーフハーバーには大幅な例外が設けられている。

水平的制限の典型的類型であるパテントプールについては本書第2章で説明した。また、共同研究開発は、知的財産の共同利用を含むことが通常であり、知的財産権上の共同行為と共通する面が大きい。公取委は、共同研究開発への独禁法適用についてガイドライン（1993年「共同研究開発に関する独占禁止法上の指針」）を設けている。

(ロ)　価格制限──原則的違法　　企業行為一般について公取委は、水平的制限と垂直的制限に共通して、価格に関する制限を原則的に違法と決定する。価格制限は、水平的制限においては価格カルテルであり、垂直的制限においては「再販売価格維持」である。ライセンス上の価格制限（水平的制限と垂直的制限の双方）は、価格制限一般と同じく、原則的に違法（黒）である（指針第4.4（3））。

「原則的に違法」というのは、例外的に合法とする場合があることを想定する表現である。しかし実際には例外を公取委が認めたことがないので、「当然違法」と変わりがない。

(4) 垂直的制限 (イ) 一般的基準　垂直的制限（競争していない企業間の協調あるいは制限）に対しては、独禁法の「不公正な取引方法」規制（2条9項と一般指定）がもっぱら適用され、「不当な取引制限」規制（2条6項）は適用されない。「競合技術排除」的な垂直的制限には私的独占規定（2条5項）が適用される場合もある。

ライセンスにおける垂直的制限は、①ライセンス対象技術の「技術内競争制限」、②「競合技術排除」に分かれる。前者「技術内競争制限」については価格制限（原則的違法）を除く制限中の多くの制限を知財指針は「原則的に合法」とする。この寛容な取扱い（米国と共通する）は、「技術内競争制限」の多くを知的財産権に認められた排他権の範囲内であるとする見方に基づいている。[13]

「技術内競争制限」の一部そして「競合技術排除」全般は「灰色」であり、黒（原則的違法）・白（原則的合法）のどちらにも該当しない。「灰色」というのは、「公正競争阻害性［公正な競争を阻害するおそれ］を有する場合には、不公正な取引方法に該当する」（指針第4.2（1）など）とする基準である。不公正な取引方法の条文規定を言い換えただけの表現なので、公取委が幅広い裁量権を保持している。

(ロ) 原則的違法（黒）——価格制限　水平的制限の場合と同じく垂直的制限についても価格制限（つまり再販売価格維持）は原則的違法（黒）である。ただし、「流通・取引慣行に関する独占禁止法上の指針」（流通・取引ガイドライン）の2015年改定において、再販売価格維持に例外的に正当性を認めることがあると公取委が表明したので、正当性を公取委が認定する場合が今後生じると予想される。

(ハ) 原則的合法（白）——技術内競争制限の多くのもの　知財指針は、「技術内競争制限」の多くのものについて特許権の範囲内であるとの見方から、原則として合法（白）であるとしている。特許権者は排他権を特許法により認められている。その排他権の一部だけをシーに切り売りするライセンスは、特許の排他権によりカバーされるとの見方である。知財指針の表現によれば、「特許権者がシーに対して、ライセンス技術を用いた製品の販売数量、販売地域を制限する行為は、技術を利用できる範囲を限定する行為として、［独禁法21条が認める］権利の行使とみられるものである。」（指針第2.5、注9）。

したがって以下の垂直的制限は白、つまり「原則として不公正な取引方法に該当しない」（指針第4.3）。ライセンスの区分許諾（製造あるいは輸出だけのようにシーの事業範囲を限定するライセンス）／ライセンス期間の限定／ライセンスする技術分野の限定（特定商品のみへの限定など）／製造地域の限定／販売地域の限定（ただし「消尽論」［本書第1章7］が該当する場合には公正競争阻害性を審査する）／輸出禁止及び輸出地域限定。

(5) **競合技術排除** 競合技術排除の性格を有するライセンス条項の中では、「ライセンス拒絶」が通常合法（ほとんど白に該当）とされている。それ以外の競合技術排除は灰色、つまり「競争を阻害するおそれ」がある場合に違法とする。

(イ) **ライセンス拒絶は通常合法、例外的違法** ライセンス拒絶（ライセンス拒絶と同視できる程度に高額のロイヤルティを要求する場合も含む）は知財権の範囲内の行為として、通常は合法である（指針第3.1（1））。ただし、例外的に「知的財産制度の趣旨を逸脱し、又は同制度の目的に反すると認められる場合には、権利の行使とは認められず、一定の取引分野における競争を実質的に制限する場合には、私的独占に該当することになる。」（指針第3.1（1））。（ライセンス拒絶規制の詳細について本書第3章4を参照）

(ロ) **ライセンス拒絶以外の競合技術排除** 競合技術を排除する効果のあるライセンス条項に対して、指針は、私的独占規制と不公正な取引方法規制に分けて説明している。前者については「競争の実質的制限」をもたらす場合に違法となる。後者については「公正な競争を阻害する」場合に違法である。私的独占規定の違反行為はほとんど全部が不公正な取引方法規制においても違法なので、企業コンプライアンスにとって、不公正な取引方法規制が重要である。ガイドラインは条文規定を繰り返すだけの説明なので、企業コンプライアンスの役には立ちにくい。

(a) **私的独占規制** 「製品の規格に係る技術又は製品市場で事業活動を行う上で必要不可欠な技術（必須技術）について、当該技術に権利を有する者が、他の事業者に対してライセンスをする際に、合理的理由なく、当該技術以外の技術についてもライセンスを受けるように義務を課す行為、又は特許権者の指定する製品を購入するように義務を課す行為は、シーの事業活動を支配する行

為又は他の事業者の事業活動を排除する行為に当たり得る。」(指針第3.1（3）ウ)

　この指針説明では、「競争の実質的制限」をもたらす競争者排除行為であっても、「合理的理由」が認められる場合には、2条6項規定の「排除」(あるいは「支配」)には該当しないとして、違法な私的独占を認定しない場合があると考えられる。ただし、私的独占として違法にならなくても、不公正な取引方法として違法とされる場合が広く存在する（次述）。

　(b)　不公正な取引方法規制　(i)　一般的基準　「競合技術排除」効果を有するライセンス条項に対して公取委は、対象条項が特許権者の「競争者等の取引機会を排除し、又は当該競争者等の競争機能を直接的に低下させるおそれがあるか否か」を判断する（指針第4.1（2）①)。

　違法性の判定基準として、「どの程度の実効性をもって行われるかについて判断する。……判断において、当該制限行為による具体的な競争減殺効果が発生することを要するものではない。」（指針第4.1（2））

　これらの説明は、競合技術排除効果のあるライセンス条項は違法を認定される可能性があると伝えているだけである。違反行為の範囲を限定する基準を示していないので、ガイドラインが公取委の裁量範囲を限定する役割を果たしていない。

　(ii)　合理性の限定的考慮　不公正な取引方法規制において、競争機能低下の「おそれ」だけで違法を認定できると指針は説明している。この基準では、極めて広い範囲の制限が公取委により違法を認定される。

　この広い裁量範囲を限定する基準として、指針によれば、安全性確保や秘密漏洩防止などの合理性（正当）が認められれば、違法を認定しない場合がある。これは米国での「合理の原則」（及びEUにおける総合判断）に一見、類似している。しかし合理の原則におけるよりも、正当性を認める範囲は狭い。「ライセンスをする際に、当該技術の利用に関し、当該技術の機能・効用を実現する目的、安全性を確保する目的、又は、ノウハウのような秘密性を有するものについて漏洩や流用を防止する目的で、シーに対し一定の制限を課すことがある。これらの制限については、技術の効率的な利用、円滑な技術取引の促進の観点から一定の合理性がある場合が少なくないと考えられる。他方、これらの

制限を課すことは、シーの事業活動を拘束する行為であり、競争を減殺する場合もあるので、制限の内容が上記の目的を達成するために必要な範囲にとどまるものかどうかの点を含め、公正競争阻害性の有無を検討する必要がある。」
(指針第4.4)

6 中国の知財ガイドライン

　米国 EU 日本の有名企業に伍して、中国の IT 企業が世界で躍進している。それと同時に、中国本土の IT 市場が飛躍的に拡大し、世界の IT 企業にとって重要市場となった。このため知財が絡む独禁法事件に対する中国当局の法適用に注目が集まっている。

　中国の独禁当局は知財ガイドラインの作成を進めているが、当局間の縄張り争いがあり、複雑な制定経緯を辿っている。中国 3 独禁当局（国家工商行政管理総局［工商総局］・国家発展改革委員会・商務部）[14] 共通の知財ガイドラインを目指して、3 当局の調整機関である「国務院独占禁止委員会」の下で、3 当局がそれぞれ統一ガイドライン案を作成中である。それに加えて、中国の知財担当官庁である「国家知的財産権局」も知財に対する独禁法執行ガイドライン案を作成中である。この総計 4 機関の知財ガイドライン案を国務院独占禁止委員会が統一する。

　中国独禁法は EU 競争法をモデルとして作成されたので、中国当局が作成中の知財ガイドライン案も EU ガイドライン（技術移転ガイドライン及び一括適用免除規則）に類似する。しかし中国当局は EU の欧州委員会よりも自国企業（欧米日本企業の特許を利用する中国企業）保護寄りの姿勢を示してきており、これがガイドライン案にも反映している。

　(1)　**中国統一知財ガイドライン案**　　国務院独占禁止委員会の下での統一ガイドライン案として、国家発展改革委員会そして工商総局がそれぞれの案を発表した。[15]（工商総局は単独で2015年に知財ガイドライン[16]を制定・施行しているが、その後に統一ガイドライン案を2016年に公表したので、2015年版は経過的な意義を有するに留まる。）

　2 つの案には次の特徴が共通する。

①　垂直的制限（「技術内競争制限」及び「競合技術排除」）に対しては「市場支配的地位の濫用」規制を適用する。このため、知財権利者が市場支配力を有する場合でなければ独禁法違反と認定されることはない（日本の不公正な取引方法規制が市場支配力を有しない企業も規制対象に含むのとは異なる）。

②　特定のライセンス条項を当然違法とはせず、総合判断アプローチを採用している。ただしこの総合判断は、当該ライセンス条項が「正当な理由を有しない場合には違法である」と規定するものであり、当該条項の違法を推定している。反証として正当性を立証する責任が知財権利者側に負わされている。このため米国反トラスト法の「合理の原則」とは質的に異なる。

③　特許権者の排他権を尊重する見方が弱く、このためライセンス条項における競争者排除行為が違法と認定されやすい。ライセンス拒絶も当該特許が「不可欠施設」と認定されれば、違法と認定される（ライセンス拒絶規制の詳細は本書3章4（7））。

④　不当に高額のロイヤルティを違法とする。

⑤　市場シェアによる「セーフハーバー」が設けられている。

全体として中国知財ガイドライン案（2016年末段階）は米国EU日本のいずれに比べても、知財所有企業の権利を弱める方向が顕著に表れている。中国当局は知財ライセンス規制にあたって知財利用者（シー）である中国企業を保護する傾向がある（クアルコム事件が代表）。中国に進出する外国企業は、中国企業に課す知財ライセンス条項に対して、ガイドラインに基づく独禁当局の規制を受けるリスクが高い。ただし、日本の不公正な取引方法規制よりも規制対象企業を狭めている点として、垂直的制限（「技術内競争制限」及び「競合技術排除」）にはいずれも「支配的地位の濫用」規定を適用するので、知財権利者が市場支配力を有する場合のみに規制が限定される。

（2）**高額ロイヤルティ規制**　中国独禁法における「市場支配力の濫用行為」規制は「濫用」に「競争者排除行為」だけでなく「搾取的濫用」を含んでいる。そして2015年クアルコム事件で、国家発展改革委員会は、クアルコムの標準必須特許の中国企業に対するロイヤルティが不当に高額であるとして「搾取的濫用」規制を発動した（本書4章6（4）参照）。これに対比して、米国反

トラスト当局は搾取的濫用規制を否定している。また、中国当局がモデルとしてきた欧州委員会も近年は搾取的濫用規制の発動を控えている。日本と欧米のハイテク企業にとっては中国独禁当局の「搾取的濫用」規制による高額ロイヤルティ規制が懸念となる。

　国家発展改革委員会の知財ガイドライン案（2015年12月）[17]は、「不当に高額」のロイヤルティを禁止しており、不当高額の判定基準として、「ライセンスされた知財の価値に見合う額であるか」等の判定要素を列挙している（第３条（二）１「不公平的高价许可知识产权」）。この高額ロイヤルティ規制は、FRAND宣言した「標準必須特許」に対象を限定するものではなく、市場支配力を有する知財すべてを対象とする。（工商総局2016年２月知財ガイドライン案第23条も不当高額ロイヤルティについて国家発展改革委員会と同じ見方を採用している。）[18]

7　「競合技術排除」規制の米EU日中比較

　ライセンス条項の中で競合技術を排除する性格の条項（競合技術排除条項）がIT産業のグローバル競争において重要性を増している。中でも①グラントバック、②非係争条項、③不争条項がとりわけ重要である。

　競合技術排除の条項は、特許利用企業つまりライセンシー（シー）の行動を制約するので、特許権者に比べて弱い立場にあるシーを保護するために規制が必要という意見が提起されやすい。特に発展途上国は特許技術を外国企業から導入するので、自国のシー保護を競争当局に求める社会的圧力が働きやすい。しかし、競争法は中小企業あるいは自国企業を保護するための法律ではない。ライセンス条項の競争法による規制が必要になるのは、競争者間協調でなければ、競争者排除効果を発揮する場合である。規制の要件として、シーが特許権者と競争している必要がある。もっとも、ハイテクあるいはIT産業においては、シーが特許権者と競争していることが通常である。サムスンがその特許をアップルにライセンスする場合が典型例である。

　シーが特許権者と競争している場合には、競合技術排除条項に対して、競争法の「競争者排除行為」規制により違法・合法を判定することになる。競合技術排除条項の類型ごとに黒（違法）白（合法）の明瞭な（企業にわかりやすい）基

準を設けることはできない。排除条項が実施される個別状況に即して総合的に判断する必要がある。競合技術排除条項が違法とされるのであれば、特許権者ははじめからライセンスを供与しないことを選択する可能性が高い。競争当局は、ライセンス促進効果と競争者排除効果をバランス判断しなければならない。

米国反トラスト当局は、ほとんどの競合技術排除条項（不争条項を除く）に好意的姿勢（合法に傾いた視点）を示している。これとは対照的にEUの欧州委員会は総合的に判断するものの、否定的姿勢に傾いている。日本の公正取引委員会は、EU以上に厳しい立場であり、競合技術排除条項の多くを違法とする。中国の独禁当局は日本の公取委以上に厳格であり、排他的グラントバック・非係争条項・不争条項のいずれをも違法とする見方を知財ガイドライン案及び独禁当局決定により示している。

(1) **排他的グラントバック**　特許権者から特許利用を許諾されたシーは、特許対象の技術（「基本特許」）を改良する。その改良部分が「進歩性」などの特許取得要件を満たせば、その「改良技術」についてシーが特許を取得できる（改良発明）。この「改良発明」の権利を基本特許権者に帰属させることを義務付けるライセンス条項が「グラントバック」である。グラントバックは通常は無償である（対価をシーに支払わない）。シーが自社技術を研究開発することを制約する内容のライセンス条項は、その功罪ともグラントバックと共通する。

特許権者へのグラントバック後も、シーが改良発明を他企業に自由にライセンスできる場合は「非排他的グラントバック」であり、これについては競争制限の問題は生じ難い。ただし、非排他的グラントバックであっても、無償でのライセンスを義務付ける場合は、後述の「非係争条項」に相当する。

競争政策上問題になるのは「排他的グラントバック」である。特許権者だけに専属的にグラントバックすることを義務付ける条項が「排他的グラントバック」（以下、グラントバック）であり、競争法上問題になるのは、改良発明が自分のものにならず、ロイヤルティも受けとれないので、シーが技術改良の意欲を低下させるからである。技術改良についての競争が損なわれ、ひいては技術発展が妨げられる。

しかし他方、グラントバックの長所として、先行の基本特許権者が改良発明

図表 5-6　代表的ライセンス条項に対する違法・合法判定——米 EU 日中の比較

	米　国	Ｅ Ｕ	日　本	中　国
再販売価格維持	総合判断	黒	黒	総合判断
垂直的地域制限 （テリトリー制）	白	多くの制限は黒 いくつかの制限は白	白	総合判断
排他的グラントバック	総合判断	総合判断	黒	黒
技術開発の制限	総合判断	総合判断	黒	黒
不争条項	総合判断	総合判断	総合判断	ほとんど黒
非係争条項	総合判断	総合判断	黒	ほとんど黒

黒：「当然違法」あるいは「原則違法」　白：「原則的に合法」あるいは「通常は合法」

も併せて管理することにより、技術開発を統合できることが指摘されている。さらに、グラントバック条項のおかげで特許権者はライセンス供与に前向きになる。グラントバックには競争促進的な側面がある。グラントバックを米国及び EU は総合判断するのに対し、日本は原則違法としている。

　(イ)　米　国——総合判断　米国反トラスト当局（司法省と連邦取引委員会［FTC］）は EU と日本当局に比べて、グラントバックに寛容である。グラントバックには競争促進的効果があると見ているためである。「グラントバックは、…特許権者・シー間におけるリスク分担の手段となり、特許権者がライセンス対象技術についてイノベーションを深めると共に、イノベーション結果をさらにライセンスすることを促進する」（2017年改正知財 GL 5.6）。それに加えて司法省・FTC 知財報告書[19]は、シーが権利取得する改良特許（特許権者の基本特許を改良する特許）が「ブロッキング・パテント」（基本特許と改良特許の所有企業がそれぞれ独自に新製品を製造することができずブロックしあう関係）となるのをグラントバックにより回避できることを指摘する（Chapter 4.III.A）。

　他方、グラントバックの弊害はシーのイノベーション意欲を削ぐことである。グラントバックの範囲と期間が長いほど弊害は拡大する。ただし弊害は長所と比較衡量しなければならない。グラントバックが否定されるのであれば、特許権者はそもそもライセンスを供与しないことになりやすい（司法省・FTC 知財報告書）。比較衡量においては、特許権者が市場支配力を有していることが、違法性判定の一要素となる。シーのイノベーション意欲が顕著に損なわれ

る場合でも、それだけで違法と判定するのではなく、ライセンスが促進されるなどの競争促進的利益と比較衡量して判断する（2017年改正知財 GL 5.6）。

㋺　ＥＵ──違法認定に傾く総合判断　　EU の知財ガイドラインは、グラントバックを総合判断する点は米国と共通する。ただし、米国知財ガイドライン（及び司法省・FTC 知財報告書）に比べて、違法認定の方に傾いた視点が示されている。

排他的グラントバックは一括適用免除の対象から外されているので、セーフハーバーが適用されない（技術移転一括適用免除規則［TTBER］§5-1（a））（これに対し、「非排他的グラントバック」は一括適用免除対象である）。ただし排他的グラントバックはブラックリストではないので、欧州委は、競争制限効果と競争促進効果を総合判断することにより違法・合法を判定する（144頁図表5-4参照）。

総合判断ではあるものの、排他的グラントバックは、シーによるイノベーション意欲を損なうとの否定的評価がされている（EU GL 129）。ただし、グラントバックの見返りとして特許権者がシーに対価を支払う場合には否定的評価が割り引かれる（EU GL 130）。総合判断において、特許権者が技術市場においてどの程度有力であるかを欧州委は考慮する（EU GL 130）。

㋩　日　本──違　法　　公取委の知財指針は、排他的グラントバックを通常は違法とする。つまり、「特許権者がシーに対し、シーが開発した改良技術について、特許権者…にその権利を帰属させる義務、又は特許権者に独占的ライセンスをする義務を課す行為は、技術市場又は製品市場における特許権者の地位を強化し、また、シーに改良技術を利用させないことによりシーの研究開発意欲を損なうものであり、また、通常、このような制限を課す合理的理由があるとは認められないので、原則として不公正な取引方法に該当する。」（知財指針第4.5（8））

知財指針は、排他的グラントバック採用の合理的理由が通常認められないとしている。この否定的見方は、米国知財ガイドライン見解（「リスク分担の手段」及び「ライセンス促進」の点で正当性あり）とは逆である。この対立については米国ガイドラインの方に説得性がある。公取委は次のガイドライン改定時に、グラントバックを原則的違法とする見方を再検討することが望まれる（少なくとも EU と同等程度の厳しさに緩和することが望まれる）。

知財指針は、シーの研究開発を禁止する制限条項に対しても、排他的グラントバックに対するのと同じく、原則違法としている（指針第4.5（7））。この見方についてもグラントバックについてと同様に、全面的に黒とする見方は改めることが望ましい。EU ガイドライン（EU GL 143）が表明しているように、ライセンス促進の観点から、シーの研究開発禁止（ライセンス継続中に限る）を是認すべき場合が存在する。

㈡　中　　国——通常違法　　工商総局2015年知財ガイドラインは排他的グラントバックについて「正当な理由を有しない場合には違法である」と規定している（第10条1項）。「正当性」を認定する場合の説明がガイドラインにはないので、常に違法とするに近い見方が表されている。

これに対し、国家発展改革委員会の知財ガイドライン案（2015年12月）は排他的グラントバックについて功罪を双方指摘しており、ライセンサーがシーに相応の対価を与えているかなどを総合的に考慮するとしている（第2条（二）2「独占性回受」）。国家発展改革委員会は、有償のグラントバックは総合判断することがうかがえる。

(2)　**非係争条項（NAP 条項）**　　非係争条項（NAP 条項：Non-Assertion of Patents Clause）とは、特許利用許諾を受けたシーが自社（シー）特許権を侵害したとして、ライセンサーの特許権者及び他のシーに差止請求を提訴することを禁じるライセンス条項である。ライセンサー及び他のシーは、シーの特許を無料（ロイヤルティ・フリー）で利用できることになる。シーの特許を特許権者（及びその他のシー）が無料で利用できる点で、無償グラントバックと非係争条項は共通する。

非係争条項は、（グラントバックの場合と同じく）シーのイノベーション意欲を削ぐことによる競争者排除効果を発揮する。その反面で、シーの数が多いライセンス（標準必須特許ライセンスが該当）において、費用のかかる特許侵害訴訟を発生させず、かつ、ロイヤルティをシーごとに個別に設定し徴収する手間が省ける「取引コスト削減」の利点がある。

㈠　米　　国——合法認定に傾く総合判断　　米国反トラスト当局にはこれまで非係争条項を規制した事件例がない。司法省・FTC 知財ガイドラインは非係争条項について説明していない。しかし「競合技術排除」はすべて合理の原則

により審査する（知財ガイドライン）。したがって非係争条項は（原則違法とはせず）合理の原則により判断する。

　知財ガイドラインとは別に、司法省・FTC 知財報告書は、非係争条項について特に説明している。特許権者・シー間の利害関係はグラントバックの場合と共通なので、経済的に同じ性格を有する（Chapter 4 -IV）。非係争条項は、ロイヤルティ・フリーのライセンス供与義務に他ならず、パテントプールにおける場合と同じく、特許侵害訴訟が提起されることを防止し、さらに「ブロッキング・パテント」を発生させない利点がある。そのうえ、他のシーに対する「ホールドアップ（特許差止請求訴訟などにより製造・販売を阻止する行為）」を発生させない利点もある（Chapter 4 -II）。

　他方、非係争条項の弊害として、特にその範囲と期間が広い場合に、（ロイヤルティが得られないので）シーのイノベーション意欲を削ぐ。

　㈡　EU──総合判断　　欧州委員会が非係争条項を競争法違反と認定した事件例は存在しない。欧州委員会の技術移転ガイドラインは、非係争条項ではなく不争条項（後述）についての説明であるが、弊害と利点の双方があるとしている。つまり不争条項は、特許紛争を防止するための取り決めとして、一般的に合理性が認められる。しかしその反面で、無効特許をしりぞけることができなくなることが、不争条項の反公益的な側面である（EU GL 235）。非係争条項は一般的に不争条項よりも正当性が高いので、非係争条項について欧州委員会は米国当局と同じく総合判断すると考えられる。

　㈢　日　本──違　法　　非係争条項について公正取引委員会（公取委）は、原則的違法に相当する見方を示してきている。知財指針の説明、そしてマイクロソフト事件（2008年審判審決）及びクアルコム事件（2009年排除措置命令）にこの見方が表されている。

　(a)　公正取引委員会の知財指針　　非係争条項は「特許権者の技術市場若しくは製品市場における有力な地位を強化することにつながること、又はシーの権利行使が制限されることによってシーの研究開発意欲を損ない、新たな技術の開発を阻害することにより、公正競争阻害性を有する場合には、不公正な取引方法に該当する。」（知財指針第4.5（6））

　「公正競争阻害性」というのは「公正な競争を阻害するおそれ」（独禁法2条

9項)を言い換えただけの表現なので、この指針は、条文規定に該当する場合には違反となると言っているだけである。ただし、非係争条項に合理性がある点(米国とEUでのガイドラインの指摘)を知財指針は指摘していない。したがって知財指針は、非係争条項はそれ自体で違法性が高いとみなしていることになる。その見方を裏付ける規制例として、公取委は2つの事件(マイクロソフト事件及びクアルコム事件)において、非係争条項を原則的に違法とする見方を表明した。

(b) マイクロソフト事件　マイクロソフト(MS)に対する公取委の2008年審判審決[20]は、MSが日本のウインドウズ・ライセンシー企業に課した非係争条項を独禁法違反と決定した。

MSは、ウインドウズ利用のための知財ライセンスを東芝・ソニーなど日本のPCメーカー(IT業界においてOEMと呼ばれる)に供与している。PCには基本ソフト(OS)としてMS製ウインドウズを組み込まなければ消費者に受け入れられない。OEMはどうしてもMSからウインドウズのライセンスを受ける必要がある。他方、日本のOEM(東芝・ソニーなど)は、音響・映像(Audio Visual: AV)技術開発の最先端に位置する。MSは、東芝等が開発したAV技術をウインドウズ(その中のメディアプレーヤー)に組み込んでいる。MSが課した「非係争条項」のため、ウインドウズ・メディアプレーヤーが組み込んでいるAV特許技術(東芝等所有)のロイヤルティを東芝等はMSから徴収することができない。

(i) 該当市場の画定とMSの市場支配力認定　独禁法は、競争制限を防ぐための法律(優越的地位の濫用規制を除く)なので、MSが課した「非係争条項」により、どの市場の競争が制限されるのかを公取委はまず認定しなければならない(公取委はこれまで知財関係の行為には優越的地位の濫用規制を実施したことがない)。MSと東芝等はどの市場で競争しており、その市場の競争が「非係争条項」によりどのように制限されたのかを認定する必要がある。ウインドウズが属する基本ソフト(OS)市場に東芝等は進出していない。しかしウインドウズは、AV機能を有するメディアプレーヤーを組み込むことにより、PC関係のAV市場にも属している。ただし、アップルのアイポッドとiTunesがウインドウズなしでも機能することでわかるように、PC関係のAV市場はウインド

ウズの枠内に限定されない広がりを有する。PC関係のAV市場においてMSと東芝等は競争関係にある。

　先進国共通に競争者排除行為規制において、MSが競争を阻害していることの認定だけでは違法決定をすることはできず、MSが市場支配力を有している（競争者排除行為の結果として市場支配力を獲得する危険性が極めて高い場合を含む）ことを競争当局は示す必要がある。企業間競争がグローバルに展開されている現代においては、世界的影響力を持つ競争者排除行為事件に対して、公取委は私的独占規制（グローバル基準に沿った競争者排除行為規制）を適用することが望ましい。日本特有の不公正な取引方法規制では、グローバル基準に比べて違法を簡単に認定しすぎるとの批判を外国から招く。しかし、本件を含めて、公取委は競争者排除行為に対して、私的独占規定ではなく不公正取引規定の方を好んで適用してきている。

　本件において競争制限が行われた市場を審決は「パソコンAV技術」分野と認定した。しかし、AV技術はパソコンに限らない様々な分野で利用されている。パソコンAVに限定する市場認定は狭すぎる可能性がある。しかし、審決も「［MSが］パソコン用OS市場における有力な地位を有していることを利用して」と指摘しているように、MSの市場支配力は、「パソコンAV技術」（あるいはAV技術一般）市場ではなく、川上に位置する「パソコンOS」市場においてMSウインドウズが圧倒的シェアを有することに起因する。パソコンOS市場における市場支配力を梃子として、MSはAV技術市場に勢力を拡大できる（川上・川下関係による競争者排除について、本書3章図表3-2参照）。川上・川下関係利用の梃子（レバレッジ）論を利用すれば、MSの市場支配力を認定できた。それにもかかわらず公取委は、安易な方法として不公正な取引方法規定を適用した。

　(ⅱ)　非係争条項の不当性　　米国とEUでの競争者排除行為（独占行為あるいは支配的地位の濫用）規制では、支配的企業が競争者排除行為に従事したことだけでは違法を認定できず、競争者排除行為が不当な性格のものであることを示す必要がある。この点は日本の独禁法においても、私的独占規定だけでなく不公正な取引方法規定（一般指定12項「拘束条件付取引」が本事件の適用法条）についても同じである。特許権者がシーを「拘束」していること自体が不当では

ないので、「不当」な拘束であることを公取委が示さなければ、違法と決定できない。

非係争条項には様々な正当性があることを米国と EU 競争当局は認めている。日本の本件でも MS は、非係争条項の正当性について米 EU で行われているのと同様の主張（「ウインドウズシステムの権利義務に関する安定性をもたらしており、それゆえ競争促進的である」）を行った。しかし審決は、そのような合理性が存在するとしても「競争に対する悪影響の認定を覆すに足りるものとは評価されない」[22]と簡単に否定して、違法決定を維持した。

非係争条項の競争促進的側面を米国と EU 競争当局の双方が認めていることを考慮すると、公取委には非係争条項の競争制限性と競争促進性を比較考慮することが求められる。非係争条項の競争制限性（「競争に対する悪影響」）は、米国・EU でも指摘されていると同じく、シーのイノベーション意欲の阻害（審決の表現では「OEM 業者の研究開発意欲の低下」）である。この弊害が生じていることは確かであるが、その程度については、AV 技術が PC に限定されず、多くの産業において幅広く利用されるので、程度は小さいと考えられる（東芝等は PC に限定しない幅広い分野向けに AV 技術を開発する動機を保持する）。[23]

(c) クアルコム事件　クアルコム事件（2009年排除措置命令）[24]で公取委は、特許ライセンス供与先の日本の携帯端末メーカーにクアルコムが課した非係争条項を独禁法違反と決定した。適用法条は、不公正な取引方法中の拘束条件付取引である（マイクロソフト事件と同じ）。これに不服のクアルコムは審判開催を申請し、公取委審判は現在（2017年 1 月）も継続中である。

クアルコムは自社所有の標準必須特許（携帯通信の CDMA 技術）を日本の携帯端末メーカーにライセンスする際に非係争条項を課した。クアルコムは同時に、端末メーカーの特許を無償でクアルコムにグラントバックすることを約束させた。

クアルコムがシーに課した非係争条項が不当な拘束条件付取引であるかについて、公取委の排除措置命令文書は、「CDMA 携帯電話端末等にかかる技術」市場において日本のシー（携帯端末メーカー）の研究開発意欲が損なわれ、クアルコムの有力な地位が強化されるので、当該技術市場における「公正な競争が阻害されるおそれがある」（したがって独禁法に違反する）と結論している。本事

件での非係争条項に対する否定的評価は、上記マイクロソフト事件と共通する。[25]

　しかし、特許ライセンスにおいて非係争条項を特許権者がシーに課すことについては、米国・EU共通に、競争者排除効果は認めるものの、合理性も認めている（したがって総合判断する）。これに対比して、公取委の排除措置命令は、制限条項の合理性には配慮せず、競争者排除効果（イノベーション意欲を削ぐことに起因する排除効果）だけに基づいて違法を決定した（マイクロソフト事件と同じ）。厳密な検討のためには、ライセンス条項の競争者排除効果と正当性をバランス判断することが求められる。

　なお、是正措置（排除措置）命令文書において公取委は、クアルコムのCDMA特許が国際標準化団体（ITU）により標準に組み入れられ、その見返りとしてクアルコムがFRAND宣言したことを指摘する。FRAND宣言したにもかかわらず、クアルコムは非係争条項及び無償グラントバックを日本のシーに課したと措置命令文書は述べている。しかし、FRAND宣言は、ロイヤルティ等のライセンス条件を「合理的かつ無差別」にすることの約束にとどまる。クアルコムがライセンス条項に設けた非係争条項及び無償ライセンスバックは、すべてのシーに無差別に課されている。したがって条項に合理性が認められればFRAND宣言に違反しない。FRAND宣言を理由として非係争条項を不当と決定できるわけではない。

　㈡　中　国――違　法　　中国独禁当局は非係争条項をほとんど原則的に違法としてきており、日本の公正取引委員会の立場とほぼ共通する。

　(a)　クアルコム事件決定（2015年）　　中国の国家発展改革委員会は、クアルコムが特許ライセンス先の中国IT企業（ファーウェイなど）に課したライセンス条項を違法と決定し、巨額の制裁金支払命令を下した（2015年2月）。[26]違反行為の1つに非係争条項が含まれている。非係争条項はグラントバック義務と一体として捉えられている。

　クアルコムの標準必須特許を利用する中国企業（ライセンシー）が中国企業所有の特許をクアルコムに無償使用許諾すること（グラントバック）、さらに、中国企業の特許を侵害したことを理由とする差止請求訴訟を中国企業が対クアルコム及び他のシーに提起しないこと（非係争条項）をクアルコムは中国企業

に義務付けた。非係争条項についてクアルコム側は、特許侵害訴訟の発生を防止するために必要と主張するが、当局はこの主張に説得性を認めない。また無償ライセンスバックの見返りについて、総ロイヤルティ額等の取引条件設定において配慮がなされているとの主張にも当局は説得性を認めない。特許取得のために払ったイノベーション上の努力に対してシーは報酬を得ることが正当である。

無償ライセンスバックに対応するロイヤルティ値下げをクアルコムが実施した証拠がない。クアルコムは不当に高額のロイヤルティを徴収していることになる。さらに、無償ライセンスバックは、ライセンシーのイノベーション意欲を奪うので、ワイヤレス技術市場の競争を制限した。このため無償ライセンスバックは中国独禁法17条1項（不当高価格の禁止）に違反する[27]（クアルコム事件決定の搾取的濫用規制について前章6（4））。

国家発展改革委員会は、非係争条項が競争者排除行為としての濫用であることも認定しているが、適用法条は不当高価格の禁止規定（17条1項）とした。これは、違反の是正措置としてロイヤルティ引下げをクアルコムに命令するには、不当高価格と認定する必要があるためであると考えられる。

(ロ)　中国知財ガイドライン案　国家発展改革委員会そして工商総局が発表した統一知財ガイドライン案（2015年12月、2016年2月）は、いずれも非係争条項に特定した規定は設けていない（不争条項については設けている）。しかし、両当局のガイドライン案とも、不当高額ロイヤルティの禁止規定を設けている（国家発展改革委員会2015年ガイドライン案 第3条（二）1、工商総局2016年ガイドライン案 第4章23条）。したがって、クアルコム事件決定の例に従い、非係争条項は不当高額ロイヤルティに相当するものとして違法を認定されると考えられる。

(ホ)　非係争条項に競争法をどう適用すべきか　日本と中国のクアルコム事件に典型的に現れているように、シー（日本あるいは中国のIT企業）と特許権者（ライセンサー）は激しい競争関係にあることがIT産業では通常である。したがって非係争条項の競争者排除効果は顕著に認められる。しかし他方、非係争条項は特許侵害訴訟を防止するために効果的であり、かつ、ライセンス契約についての取引コストを削減する。

非係争条項が実施される個別状況ごとに利害得失は異なる。したがって原則違法とするのではなく、総合判断（合理の原則）によることが適当である。標準必須特許ライセンスの場合のようにシーが多数に昇る場合には、非係争条項の通常の正当性に加えて、多数のシーごとに別々のロイヤルティを支払う取引コストを避ける利点が加わるので、非係争条項の正当性は一般的に高い。これに対し非係争条項が特定のシーだけに適用されており、そのシーの知財価値が高い場合には、非係争条項の弊害が利点よりも高いと考えられる。この場合には、非係争条項を違法とし、是正措置として、知財権利者がシーに適正なロイヤルティを支払うことを命じるのが適当である。

(3) **不争条項**　不争条項（no-challenge clause）とは、ライセンスされた特許が無効であることを主張する訴訟（特許無効確認訴訟）をシーが提起するのを禁止するライセンス条項である。非係争条項（non-assertion clause）と不争条項は混同されやすいが、両者の性格は異なる。米国とEUは、非係争条項に比べて不争条項に厳しい姿勢を示している。

特許の濫発を抑えるためには申請された特許を特許庁が厳格に審査することが求められる（本書第1章3）。しかし特許庁審査官は膨大な数の申請特許を短期間で処理しなければならない。新規性・進歩性を欠く発明に特許が付与されてしまうことが少なくない。この点を補正する役割を特許無効確認訴訟が果たしている。それにもかかわらず特許無効確認訴訟を禁止する条項が不争条項なので、非係争条項とは区別して、より厳しい対応が求められる。

不争条項が非係争条項より不当性が高いとしても、ライセンス供与した特許に無効確認訴訟を提起するシーに対して、特許権者がライセンス供与を継続しなければならないのかについては不争条項の違法性とは別の検討を要する。ライセンス供与継続を義務付けるのは、特許権者に厳しすぎるとも考えられるからである（この点についてEUガイドラインが詳しく判断している）。

(イ)　米　国——不争条項を無効とする判例　不争条項について米国知財ガイドラインは説明していない。しかし司法省・FTC知財報告書は、特許無効確認訴訟が不争条項のために提起されなくなるので公益が損なわれることを指摘している。無効な特許を取り除くことは競争政策だけでなく特許政策にとっても重要だからである（知財報告書 Chapter 4.III）。したがって反トラスト当局は

合理の原則審査において不争条項を違法と認定する可能性が高いと考えられる。

反トラスト当局の規制とは別に、特許政策上の判断として、不争条項を契約上無効とする（不争条項の執行を法廷で主張できない）ことが最高裁判例（1969年 Lear 判決）[28]により確定している。より近年の判例としては控訴裁 Rates Technology 判決[29]がある。この事件では、原告企業から特許ライセンスを受ける見返りとして被告企業は、原告特許の無効確認訴訟を提起しないことを約束した（つまり不争条項を結んだ）。その約束にもかかわらず被告が特許無効確認訴訟を提起したので、原告（特許権者）が契約違反として提訴した。控訴裁は、最高裁 Lear 判決の論旨（特許無効確認の提訴動機を有するのはシーに限定される点を公益上重視する）に基づき、原告の特許権者は不争条項を執行できないとした。

他方、不争条項を弁護する論として、不争条項をシーが引き受ける見返りとして特許権者はロイヤルティを安くしているとする主張がある。したがって特許権者とシーの契約（和解を含む）に不争条項を規定することには正当性があると主張されてきている[30]。しかし Rates 判決が指摘するように、この論はライセンス契約（特許紛争解決のための和解を含む）一般について例外なく成立するので、弁護論を認めると最高裁 Lear 判決の公益上の論旨が常に覆されることになってしまう（したがって弁護論は支持できない）[31]。

ただし、不争条項を裁判で履行できないことは、ライセンス対象特許の無効確認訴訟を提起するシーへのライセンス供与を特許権者が終了させることができないことを意味しない（この点について次述の EU ガイドラインが検討している）。

(ロ)　E U――違法認定に傾く総合判断　　不争条項は排他的グラントバックと同じく、一括適用免除の対象から外されている（TTBER 5-1 (b)）。このため不争条項についてセーフハーバーは主張できない。ただしブラックリストには含まれていないので、競争制限効果と競争促進効果を総合判断することにより、欧州委員会（欧州委）は違法・合法を判定する（144頁**図表5-4**参照）。

欧州委の技術取引ガイドラインは不争条項に否定的評価を下している。特許権者の特許が無効なのかを最もよく見極められるのはシーなので、シーが提起する特許無効確認訴訟は公益上重要である（EU GL 134）。競争上重要な特許についての不争条項は、競争法違反を認定する可能性が高い（EU GL 134）。

排他的ライセンス（特定シーだけが特許利用権を獲得し、特許権者自体も権利を利用しないもの）の場合には、特許権者の特許の有効性を争うシーに対して特許権者はライセンスを終了してよい（TTBER 5-1（b））。このように判断するのは、排他的ライセンスの場合には、特許権者がシー（特許無効確認訴訟を提起したもの）へのライセンス供与を終了できなければ、特定シーとの契約に特許権者が閉じ込められてしまうことになってしまうからである（EU GL 139）。

他方、非排他的ライセンスの場合には、ライセンス対象特許の有効性を争うシーとの取引を特許権者が終了させる行為は一括適用免除対象から外される。このようなライセンス終了は不争条項執行と同じ効果を発揮するからである（EU GL 136）。ただしライセンス終了を常に違法とするわけではなく、個別状況毎に判定する（EU GL 136, 139）。

(ハ)　日　本——総合判断　公取委の知財指針は、不争条項に好意的姿勢を示しているので、非係争条項に対する原則的違法の扱いとは対象的である。この点は、逆の取り扱いをする米国及びEUの方に説得性がある。不争条項が特許無効確認訴訟を妨げる弊害を重視すべきだからである。

公取委の知財指針によれば不争条項は「円滑な技術取引を通じ競争の促進に資する面が認められ、かつ、直接的には競争を減殺するおそれは小さい。しかしながら、無効にされるべき権利が存続し、当該権利に係る技術の利用が制限されることから、公正競争阻害性を有するものとして不公正な取引方法に該当する場合もある。」（知財指針　第4-4（7））。特許無効確認訴訟を提起された特許権者はライセンサー契約を解除できる（知財指針　第4-4（7））。

特許無効確認訴訟は特許濫発を抑える上で重要な役割を果たしている。不争条項に対する総合判断においてEUと同様の基準を公取委は今後の知財指針改定において示すことが妥当であると考えられる。

(ニ)　中　国——通常違法　中国独禁当局は不争条項を違法とみなしてきている。国家発展改革委員会は2015年クアルコム事件決定において、クアルコムが中国IT企業に課した不争条項を違法と決定した。また、工商行総局2015年知財ガイドラインは不争条項について「正当な理由を有しない場合には違法である」と規定している（第10条2項）。正当性を認定する基準の説明がガイドラインにはないので、常に違法とするに近い見方が表されている。

第 5 章　知財ライセンス条項と競争法・独禁法　171

　ただし、国家発展改革委員会の知財ガイドライン案（2015年12月）は、不争条項には弊害と共に濫訴を防ぐメリットがあると指摘しており、「不争条項がすべてのシーに例外なく課されているか」などの考慮要素を列挙している（第 2 条（2） 3 「不质疑条款」）。

1）　排他的ライセンスは「独占的ライセンス」と呼ばれることもある。この「独占」は市場を独占することを意味しているわけではなく、対象知財を特定のシーだけが専属的に（他者を排除して）利用することを意味する。「排他的ライセンス」に対応する日本の特許用語は「専用実施権」である。専用実施権を得た企業は、特許権者を含めてすべての第三者の特許実施を禁止することができる。権利を確保するためには特許原簿への登録が必要である。「非排他的ライセンス」に対応する日本の特許用語は「通常実施権」である。
2）　米国2017年改正知財ガイドライン（以下「改正知財 GL」）§3.2.3；EU 技術取引ガイドライン para 26。
3）　米国2017年改正知財 GL 3.3。
4）　米国2017年改正知財 GL 3.3（ライセンスによってはじめて特許権者とシーに競争関係が生じる場合には、当局はこのライセンスを水平的制限とはみなさない。）
5）　ただし、垂直的制限による競争者排除は、特許権者の単独行為ではなく協調行為（ライセンサーとシー間の垂直的協調）と見ることも可能である。このため、協調行為対象の法条項（米国のシャーマン法 1 条、EU の競争法101条）を適用（米国では特別法のクレイトン法 3 条も適用）することにより、市場支配力要件を外した規制が行われてきている。しかし近年には、協調行為規定を垂直的制限に対する適用法条とする場合においても、少なくともある程度の市場支配力を要件とすることが米 EU 競争当局の姿勢となってきている。
6）　「知財権者が契約により自己の権利を拡大することには、……反トラスト法適用が免除されない。逆に、ライセンスによる制限は、知財がからむ反トラスト法違反行為の主要部分を占める。」（Hovenkamp, H., Janis, M.D., and Lemley, M.A. (2006), "Unilateral Refusals to License", 2 J. Competition L. & Econ. 1, 32）.
7）　U.S. Dep't of Justice & FTC, "Antitrust Guidelines for the Licensing of Intellectual Property" (January 13, 2017).
8）　Broadcast Music, Inc. v. CBS, 441 U.S. 1, 20 (1979).
9）　「ライセンサーの特許権を用途ごとあるいは地域毎に分割するものである」（2017年改正知財 GL Example 1）。
10）　United States v. General Electric Co., 272 U.S. 476 (1926).
11）　Guidelines on the Application of Article 101 of the Treaty on the Functioning of the European Union to Technology Transfer Agreements (2014/C 89/03).
12）　Block Exemption Regulation for Technology-Transfer Agreements (EU) 316/2014 ("TTBER").
13）　独禁法21条が知財行使に対する独禁法適用免除を規定している。しかし、21条により「技術内競争制限」すべてが合法となるわけではない（本書第 3 章 2 （1）参照）。
14）　国家工商行政管理総局は価格以外の事件を担当し、国家発展改革委員会は価格関係の事件を担当する。商務部は合併を担当する。
15）　国家発展改革委員会「关于滥用知识产权的反垄断指南」公开征求意见（2015年12月）。

工商総局「关于滥用知识产权的反垄断执法指南（国家工商总局第七稿）」公开征求意见的公告（2016年2月）。
16)　工商総局「关于禁止滥用知识产权排除、限制竞争行为的规定」(2015年4月公布、8月施行)。
17)　国家発展改革委員会「关于滥用知识产权的反垄断指南」公开征求意见（2015年12月）。
18)　工商総局「关于滥用知识产权的反垄断执法指南（国家工商总局第七稿）」公开征求意见的公告（2016年2月）。
19)　U.S. Dep't of Justice & FTC, "Antitrust Enforcement and Intellectual Property Rights: Promoting Innovation and Competition" (2007).
20)　平成20年9月16日審判審決　マイクロソフトコーポレーションに対する件、審決集55巻380頁。
21)　審決集55巻427頁。
22)　審決集55巻446頁。
23)　この旨の指摘を含む審決批判について、伊従寛（2011）「非係争条項に対する独占禁止法適用の国際比較 2008年のマイクロソフト事件審判審決の検討を中心として」国際商事法務 39 (11)。
24)　平成21年9月30日排除措置命令、審決集56（2）巻65頁。
25)　クアルコム事件がマイクロソフト事件と異なる面として、クアルコム事件の対象は標準必須特許なので、クアルコムの市場支配力は容易に認定できる。
26)　国家発展改革委員会 行政処罰決定書［2015］1号（2015年2月9日）。
27)　国家発展改革委員会 行政処罰決定書［2015］1号、二（一）2。
28)　Lear v. Adkins, 95 U.S 653 (1969).
29)　Rates Technology v. Speakeasy, 685 F. 3 d 163 (2012).
30)　この見方による判例として連邦巡回区控訴裁判所（CAFC）判決がある―Baseload Energy, Inc. v. Roberts, 619 F.3d 1357 (Fed. Cir. 2010)（和解に対しては最高裁 Lear 判決の論旨が適用されないとする）。
31)　Rates Technology v. Speakeasy, 685 F. 3 d 163, 171 (2012).

事項索引

A―Z

DRM ················· 85, 86
ETSI ················ 22, 42
fair use →フェアユース
FRAND ············ 37, 54, 118
GE 判決基準 ················ 141
Google ブックス ················ 13
IPR ポリシー ········ 44, 48, 91, 95
NAP 条項 ················ 161
NPE ················ 92
PAE ················ 93, 124
PHOSITA ················ 6, 8
royalty stacking →ロイヤルティ積上げ
SSO ················ 19
TPP ················ 12-13, 86
TRIPS ················ 1, 14

あ

一括ライセンス ········ 22, 23, 51
営業秘密 ················ 1
エッセンシャル・ファシリティー→不可欠施設
欧州電気通信標準化機構 ········ 22, 42
オープン標準 ················ 43
オレンジブック ········ 106-108

か

改良発明 ············ 24, 158, 159
環太平洋パートナーシップ協定→TPP
技術移転ガイドライン（EU）········ 37, 143
技術移転取引一括適用免除規則 ········ 145
技術市場 ················ 130
技術導入契約 ············ 55, 56
技術内競争制限 ········ 128, 133-135, 139-141, 143, 145, 146, 148, 152, 156, 171
競合技術排除 ················ 133

強制ライセンス ················ 71
共同取引拒絶 ················ 27
共有地の悲劇 ················ 26
均等論 ················ 9
グラントバック ········ 138, 142, 144, 147, 157-162, 165, 166, 169
クレーム ················ 6, 8
クロスライセンス ················ 23
研究開発市場 ············ 129, 130
権利濫用 ············ 114, 116, 117
拘束条件付取引 ············ 132, 150
互換性標準 ················ 21
国際標準 ················ 21
コミットメント ················ 64

さ

搾取的濫用 ········ 56, 90, 101, 112
サブマリン特許 ············ 11, 12
示唆テスト ················ 7, 8
市場支配力 ················ 30
実施可能要件 ················ 8, 9
受動的販売制限 ················ 146
消尽論 ················ 13
進歩性 ················ 6-8
先願主義→先登録主義
先登録主義 ················ 11-12
ソフトウエア著作権 ················ 1

た

抱合せ ········ 66, 67, 81, 83, 88
知的財産の利用に関する独占禁止法上の指針 ········ 39, 109, 147
デジタル著作権管理 ········ 85, 86
デファクト標準 ················ 21
同意命令 ················ 103
特許権
――新規性 ················ 6

――進歩性 …………………………… 6-8
――非自明性 …………………………… 6
――有用性 ……………………………… 6
特許の藪 ………………………… 4-6, 23-26
トロール→パテント・トロール

は

ハードコアカルテル ……………… 20, 27-30
排除型私的独占ガイドライン ………… 79, 80
排他的ライセンス ………… 127, 128, 170, 171
パテント・トロール ……………………… 92
パテントスコープ …… 59, 74, 76, 77, 134, 135
パテントプール ……………… 22, 27, 29, 35, 46
非係争条項 ……… 112, 113, 138, 142, 147, 157, 158, 161-168, 170, 172
ビジネス方法特許 ……………………… 3
ビジネスレビューレター ………… 35, 36, 48
非自明性 ………………………………… 8
必須特許 ……………………………… 33, 40
標準・パテントプールガイドライン→プールガイドライン
標準化団体 ………………… 19, 28, 42, 48
標準化団体促進法 ………………… 47, 48
標準化に伴うパテントプールの形成等に関する独占禁止法上の考え方→プールガイドライン
標準必須特許 ………… 42, 89, 90, 104, 123
プールガイドライン ……… 39-41, 49, 53, 110

フェアユース …………………… 12, 13, 86
フォーラム標準 ………………………… 21
不可欠施設 ……………………………… 76-79
不争条項 ………………………… 147, 168-171
ブロッキング・パテント … 23, 24, 33, 159, 162
プロテクト破り …………………………… 86
貿易関連知的所有権協定→TRIPS
ボールスプライン軸受 ………………… 10
ホールドアップ ……… 5, 89, 91, 99, 103, 105
補完的特許 ……………………… 33, 35, 36

ま

ミッキーマウス法 ……………………… 12

や

約款 ……………………………… 14, 82
優越的地位の濫用 ……………………… 57
用途分野制限 ………………… 140, 141

ら

ライセンス拒絶 ………………… 67, 70, 75
リサーチツール ………………………… 25
リバースペイメント ……………………… 60
リバースホールドアップ ……………… 111
ロイヤルティ・フリー ………………… 43
ロイヤルティ・スタッキング→ロイヤルティ積上げ
ロイヤルティ積上げ … 5, 26, 38, 42, 47, 91, 122

事件・判決 索引

米国

Broadcast Music, Inc (BMI) v. CBS … 35, 171
eBay 判決 … 98
Festo 判決 … 9
GE 判決（1926年）… 141–142
Google ブックス 判決 … 13
HP 判決（v. ROTS）… 15
KSR 判決 … 7
Lear 判決 … 169
MCI 判決 … 77
Rates 判決 … 169
アップル対モトローラ判決（ポズナー判事）
 … 97
アクタビス判決 … 60
イリノイツール判決 … 83
インテル事件（FTC）… 72
グーグル事件（FTC）… 67
グーグル（モトローラ）FTC 同意命令
 … 103–105
コダック判決（控訴裁）… 71
ジョージア・パシフィック判決 … 119
デル事件（FTC）… 94
ブロードコム対クアルコム判決 … 101–102
マイクロソフト対モトローラ（ワシントン州連邦地裁）… 121
マイクロソフト判決（控訴裁）… 65
松下電器判決（v. Cinram）… 48
モンサント判決（Bowman v.）… 16
ランバス判決（控訴裁）… 115–116
リージン判決 … 142
ゼロックス判決（CAFC）… 74

ＥＵ

IMS ヘルス判決（欧州裁）… 78
インテル判決（一般裁判所）… 66
グーグル事件（欧州委）… 67
サムスン事件（欧州委）… 107
ファーウェイ対 ZTE 判決（欧州裁）… 107–109
マギル判決（欧州裁）… 78
モトローラ事件（欧州委）… 107

日本

JASRAC（日本音楽著作権協会）判決 … 50–51
アップル対サムスン判決（知財高裁）… 116–118, 121–122
キャノン事件（公取委）… 16
キャノン判決（リサイクル・アシスト対）… 15
クアルコム事件（公取委）… 165–166
マイクロソフト事件（公取委）… 163–165
ボールスプライン軸受判決 … 10

中国

クアルコム事件（発改委）… 112–114, 166
ファーウェイ対 IDC 判決 … 123

著者紹介

滝川　敏明（たきがわ　としあき）

京都大学法学部卒業。公正取引委員会事務局入局後、カリフォルニア大（バークレー）経営大学院修了（MBA）。OECD日本政府代表部一等書記官、公正取引委員会産業調査室長・審判官室長・渉外室長、富山大学経済学部教授、関西大学法科大学院教授を経て、現在、関西大学法学部教授。フルブライト奨学金ジョージワシントン大ロースクール研究員（2009年度）。カリフォルニア大（バークレー）ロースクール客員研究員（2012年度）。

〈単　著〉
『日米EUの独禁法と競争政策』（第4版、青林書院、2010年）
『WTO法』（第2版、三省堂、2010年）
『ハイテク産業の知的財産権と独禁法』（経済産業調査会、2000年）

Horitsu Bunka Sha

実務　知的財産権と独禁法・海外競争法
──技術標準化・パテントプールと知財ライセンスを中心として

2017年4月20日　初版第1刷発行

著　者　　滝川　敏明
発行者　　田靡純子
発行所　　株式会社　法律文化社

〒603-8053
京都市北区上賀茂岩ヶ垣内町71
電話 075(791)7131　FAX 075(721)8400
http://www.hou-bun.com/

＊乱丁など不良本がありましたら、ご連絡ください。
お取り替えいたします。

印刷：亜細亜印刷㈱／製本：㈱藤沢製本
装幀：奥野　章

ISBN 978-4-589-03850-0

Ⓒ2017 Toshiaki Takigawa Printed in Japan

JCOPY　〈(社)出版者著作権管理機構　委託出版物〉

本書の無断複写は著作権法上での例外を除き禁じられています。複写される場合は、そのつど事前に、(社)出版者著作権管理機構（電話 03-3513-6969、FAX 03-3513-6979、e-mail: info@jcopy.or.jp）の許諾を得てください。

鈴木加人・大槻文俊・小畑徳彦・林 秀弥・
屋宮憲夫・大内義三著
ＴＸＴ　経　済　法
テクスト
Ａ５判・312頁・2700円

「経済法」の中心がなぜ「独禁法」か。経済法の前提を問い、「経済法」≒「独禁法」の平成25年改正（審判制度の廃止、排除命令等に係る公告訴訟の裁判管轄、適正手続の確保）を踏まえ、突っ込んだ解説をしたテクスト。

松本　博編
サイバー社会への法的アクセス
―Q&Aで学ぶ理論と実際―
Ａ５判・208頁・2300円

初学者のためのネットワーク法学のガイドブック。基礎編では基本的な法律の枠組みを理解し、応用編では電子商取引、知的財産法や不正競争防止法について実務的視野から検討し、問題解決力を修得する。

小林友彦・飯野 文・小寺智史・福永有夏著
ＷＴＯ・ＦＴＡ法入門
―グローバル経済のルールを学ぶ―
Ａ５判・226頁・2400円

WTOとFTAのルールをバランスよく記述。自由貿易の基本原則と例外を扱う総論から、分野毎の規律と紛争処理、さらに各国FTA政策や投資・開発・知財・企業の海外展開まで視野に入れ、基本をコンパクトにわかりやすく概説する。

日本国際経済法学会編／村瀬信也編集代表
国　際　経　済　法　講　座　Ⅰ
―通商・投資・競争―
Ａ５判・516頁・6000円

この20年間の国際経済法の主役たるWTOの動態分析を中心に公法秩序の鳥瞰図を示す。存在感を増すFTA、EPA等の地域経済統合、独自の発展を遂げる投資家・国際仲裁制度、国際競争法のグローバルな展開を取り上げる。

日本国際経済法学会編／柏木　昇編集代表
国　際　経　済　法　講　座　Ⅱ
―取引・財産・手続―
Ａ５判・506頁・6000円

グローバル経済が各国政策や企業行動に与えた影響を私法の面から分析する。法の適用に関する通則法や対外国民事裁判権法の成立、日本のCISGへの加入など国際取引法の流れを分析するとともに知的財産法等にも論究。

―法律文化社―

表示価格は本体(税別)価格です